# 臺灣歷史與文化 研究輯刊

十六編

第 7 冊

## 大眾電影與文創產業發展——
## 以《那些年，我們一起追的女孩》
## 和《我的少女時代》爲例

沈超群 著

花木蘭文化事業有限公司

國家圖書館出版品預行編目資料

大眾電影與文創產業發展——以《那些年，我們一起追的女孩》
和《我的少女時代》為例／沈超群 著 — 初版 — 新北市：花木
蘭文化事業有限公司，2019〔民108〕
目 4+152 面；19×26 公分
（臺灣歷史與文化研究輯刊十六編：第 7 冊）
ISBN 978-986-485-851-4（精裝）
1. 文化產業 2. 電影片 3. 臺灣
733.08　　　　　　　　　　　　　　　　　108011622

ISBN-978-986-485-851-4

9 789864 858514

臺灣歷史與文化研究輯刊
十六編　第 七 冊　　　　　　　ISBN：978-986-485-851-4

大眾電影與文創產業發展——
以《那些年，我們一起追的女孩》和《我的少女時代》為例

作　　　者　沈超群
總 編 輯　杜潔祥
副總編輯　楊嘉樂
編　　輯　許郁翎、王筑、張雅淋　美術編輯　陳逸婷
出　　版　花木蘭文化事業有限公司
發 行 人　高小娟
聯絡地址　235 新北市中和區中安街七二號十三樓
　　　　　電話：02-2923-1455 ／傳真：02-2923-1452
網　　址　http://www.huamulan.tw 信箱 hml 810518@gmail.com
印　　刷　普羅文化出版廣告事業
初　　版　2019 年 9 月
全書字數　130019 字
定　　價　十六編 10 冊（精裝）台幣 20,000 元

# 大衆電影與文創產業發展——
## 以《那些年，我們一起追的女孩》
## 和《我的少女時代》爲例

沈超群　著

## 作者簡介

沈超群

學歷：國立中正大學歷史研究所博士

現職：世新大學通識中心助理教授、《立報傳媒》總編輯

作者爲資深媒體人，曾任《風傳媒》副總編輯、《NOWnews 旅食樂》總編輯、《自由時報》主編等職務，畢業於新聞系，取得歷史所博士，專長於新媒體、新創產業、傳播敘事及文化創意產業，對於新聞及歷史都有極大興趣，歡迎來信與作者討論，E-Mail：ghinishen@gmail.com。

## 提　　要

科學技術的發展，爲「大眾文化」的傳播提供了現代化的載體，提供歷史學家更多的研究文本，從「影視史學」的角度來看，電影本身不僅是文本，更是社會脈絡的展現，呈現出當代「集體記憶」（Collective Memory）的思潮，隨著文化工業或是文化創意產業逐漸獲得社會重視，串連起歷史文化與傳播兩種學門，成爲跨學門研究的趨勢。本論文以賣座電影《那些年，我們一起追的女孩》、《我的少女時代》做爲文本分析，論述做電影做爲文化工業的一環，從集體記憶建構的角度，討論從不同的視角研究歷史，希望也在時代脈絡、集體記憶、文創產業等角度，爲歷史找到更好的定位。

# 謝　辭

　　讀書與研究是永無止盡，在就讀博士的過程中，每次發現新的文章及書籍，就開始憂心自己書是否沒讀夠，總是有更新更好的文章，讓研究者得以欽羨，也更努力鞭策自己前進，在多元觀點的時代，寫論文不敢期盼能有宏大貢獻，但盼資料整理及論證，能夠開拓一條新的研究領域。口試完到領博士學位，還是覺得很不真實，一路上走來真的要感謝非常多的人，在人生幫助我、陪伴我，走過每一段艱苦的歷程。

　　首先要感謝的是指導教授雷家驥老師，雷老師讓我在歷史學與傳播學的領域中，別開生面的找到新的定位，在我提出非典型的論文計畫時，依然給予鼓勵，每當寫論文遇到瓶頸時，就想到雷老師孜孜矻矻寫論文的模樣，讓自己不敢懈怠。還有帶領我進入歷史學門的李功勤老師，從 18 歲起引領我的人生方向，在任何時刻都不忘給予建言，讓我終於能有寫謝辭的時刻。

　　感謝口試委員江寶釵老師、吳昆財老師、李淑卿老師、易毅成老師，口試中每一個問題的詢問，都讓我汗顏，希望自己能改正寫作的結構性問題，論文的成敗全由作者承擔，若日後能夠寫出更好的論文及研究，絕對是要謝謝各位口試委員的熱心指教。

　　在求學的路上，真的遇到太多貴人，謝謝楊維真主任在雷老師退休時，願意擔任協同指導，幫助我得以畢業；亦學長亦兄友的祖威，每次論證學問的快樂時光總是令人懷念，還有太多太多的同學、師長、親友們要致謝，希望在未來日子裡，一起繼續努力。

# 目

# 次

# 第一章　緒　論

## 第一節　研究動機

　　畢業於新聞系、歷史研究所，對於歷史研究的新文化史、傳播史及文化工業等議題深感興趣，歷史學者卡爾（E. H. Carr）說過：「歷史學愈注意社會學，社會學愈注意歷史學，則對兩者愈有利。」〔註1〕在歷史學研究中，深感於有許多待發展之論點，值得深入研究探討，因而將關懷議題延伸，希望由新文化史／傳播史／現代史的角度中，學術性、系統性分析台灣傳播媒介與社會文化間的關聯，因而發展出本研究計畫〈大眾電影與文創產業發展——以 2005～2017 兩部代表性電影傳播爲例（暫訂）〉。

　　歷史學者林‧亨特（Lynn Hunt）在《新文化史》中提及：目前文化史的重點在於—文本、圖像和行動的—嚴密檢梳，也在於對那些檢視所揭示的事物開放心胸。〔註2〕新文化史的研究，取代過去歷史學在政治、社會的思維，與社會科學的結合，成爲新的取向。

　　歷史學者霍布斯邦（Eric Hobsbawm）認爲，城鄉之間享受娛樂，「在新舊世界裡面，交接融合的現象，已經不斷地演變爲一組又一組在表象上依舊

---

〔註1〕Edward Hallerr Carr，*What Is History ?*（Cambridge：University of Cambridge Press，1961），P.84。
　　　中譯本見愛德華‧卡耳著、江政寬譯，〈歷史、科學與道德〉，《何謂歷史？》（台北：五南出版，2013 年），頁 169。
〔註2〕林‧亨特（Lynn Hunt）著、江政寬譯，《新文化史》（台北：麥田出版，2002 年），頁 46。

獨立自足的大小社區連結——不過就西方國家而言，社區的獨立自足性往往更為正式。」〔註3〕因此電影娛樂不但是歷史的一部分，更是整體文化史微觀。

電影被稱為「第七藝術」，是一種書寫歷史的方法，它透過影像、聲音與電影語言、象徵、隱喻等敘事方式，體現新的歷史書寫，透過敘述、分析歷史，藉以傳達歷史思維，闡釋歷史事件，傳播歷史情境，反映現實意識，對於集體記憶與建構有相當的重要性。

台灣電影在 1980 年代經歷侯孝賢、吳念眞、楊德昌、李祐寧、蔡明亮、王正方等導演的作品，1980 至 1995 可以說是台灣電影的黃金時代，至 2000 年後才重啓這種國片風潮。對於電影新浪潮的討論有許多，本文主要論述由 2000～2017 年間出產的電影，從後設的角度討論集體記憶的塑造以及對社會影響，還有票房之間的關係。

希望從文化研究的角度來分析台灣電影是如何成為學者阿多諾（Theodor W. Adorno）所言的「文化工業」的一種體現，可以視台灣電影為一種文化現象，所涵蓋的不僅是電影作品的形式與風格，其中更涉及歷史的重構與集體記憶的重現。

## 第二節　影視史學、文化工業與集體記憶

「影視史學」（historiophoty）是從電影、紀錄片乃至於圖像史料，都能夠成為歷史研究的素材，影視史學本身並不侷限在歷史戲劇，更廣泛的是指向時代的文化產物，在特定時空環境下推出的影視作品，對於當代社會脈絡有其意義，並且影響大眾，可以視為「大眾史學」的一環。

後現代史學家海登・懷特（Hayden White）是「影視史學」名詞提出的創作者，海登・懷特提出後，並受到許多歷史學家的關注。導致此一現象的原因有三：首先，對歷史的認識發生了變化，歷史已經變成一種帶有自己主體價值觀念與現實緊密相連的社會行為；再者，由於科技的日新月異，影片的剪輯亦成為一種符號的表徵，而歷史學家的工作便是研究符號被組合起來之後的結果及其社會影響；最後，既然歷史影片已受到愈來愈多的青睞，對此做出正確的輿論指導，儼然成為歷史學家應有之義了。〔註4〕

---

〔註3〕艾瑞克・霍布斯邦（Eric J. Hobsawm）著、鄭明萱譯，《極端的年代：1914～1991（下）》（台北，麥田出版，1996 年 11 月），頁 444～445。
〔註4〕張廣智，《影視史學》（台北：揚智文化，1998 年），頁 3～4。

關於影像的建構方式可分爲兩種：「紀錄片」與「劇情片」，紀錄片多半利用呈現照片、文件或當時的所拍攝的影片等第一手史料，輔以訪問當事者或以旁白補充的方式，透過導演的剪接與情節安排，試圖「重現」歷史事件的經過；劇情片則因某些商業考量，劇情內容未必完全符合史實，經常會放入一些虛構的元素，例如：情愛的糾葛，以增加劇情的渲染力，進而刺激票房收入。值得注意的是，無論是紀錄片或是劇情片，都只是利用「影像」來「表徵」歷史，任何歷史作品都無法將有意陳述的歷史事件或場景，完整地或大部分地傳眞出來，即使連歷史上任何一件小事也無法全盤重現。〔註5〕也因此電影雖然是創作文本，或許帶有主觀的觀點，但是仍可以做爲歷史研究的一種現象。

文化工業或文化創意產業是現今歷史經世致用的主流之一，時至今日，文化產業的主流，仍然是電影、電視是主要內容提供者，例如電影是典型文化產業，源頭是戲劇類型的精緻文化、表演藝術。在各種藝術形式中，表演藝術是由宗教娛神活動中演化出來的，本來就有一些群眾性，當它成爲一種高級的生活藝術時，也很少發生擁有者獨享的情形。〔註6〕希望利用這樣的文本作爲分析，希冀能夠探析台灣電影及文化創意產業發的脈絡，以及文化傳播的型態及效應。

除此之外，談到集體記憶，「集體記憶」（Collective Memory）又稱群體記憶，從法國社會學家哈布瓦赫（Maurice Halbwachs）在《記憶的社會性結構》首次提出，並將其定義爲「一個特定社會群體之成員共用往事的過程和結果，保證集體記憶傳承的條件是社會交往及群體意識需要提取該記憶的延續性」。廣義來看，集體記憶指的是具有自己特定文化內聚性和同一性的群體對自己過去的記憶。從狹義來看，集體記憶專指非歷史學的對歷史的記憶。

集體記憶有眾多說法，較相同的觀點的是，集體記憶是各種各樣的集體所保存的記憶，它是關於一個集體過去全部認識。從歷史學來看，口述歷史所進行的眞實性調查，其內容可信度遠超過虛構的電影，但是在影響群眾認同方面，電影的傳播性卻是讓人更相信該時代的架構與內涵。

群體意識的形成仰賴共同的記憶，加強舊記憶並創造新回憶對群體而言有其必要。《那些年，我們一起追的女孩》、《我的少女時代》創造出的集體記

〔註5〕周樑楷，〈書寫歷史與影視史學〉，《當代》第 88 期（1993 年 8 月），頁 11～12。
〔註6〕漢寶德，《文化與文創》（台北：聯經出版，2014 年 10 月），頁 37。

憶，有效的撫慰現代人對於 1990 年代的認知，著重青春記憶，略過了 1990
年代的負面意涵，校園霸凌、社會結構改變，現代人回憶起 1990 年代的美好，
多構築在這些記憶當中，對於當時解構後的大時代，記憶卻大幅減少，可以
說是集體記憶再現時的迷思之一，是值得研究的議題。

## 第三節　研究回顧、文本分析與研究方法

　　影視史學、文創產業與媒體的相關論文眾多，不管是歷史所、政治所、
社會所、傳播所等各系所均有相關研究，大多由電影文本的製造及詮釋為出
發點，分析電影本身的意義，較少論及其中的歷史感，以及創造出的集體記
憶，本研究計畫希冀由電影及文化史的角度出發，特別是由主題設定在 1990
年代的歷史電影，從現代回顧其歷史，其重構性及放大點為何，如何創造出
集體記憶，尤其是 1980 年代臺灣處於 1970 年代後內外交迫而危機意識高漲，
外有釣魚台事件、退出聯合國，美國與中共關係的逐漸改善；內則有蔣經國
接班態勢漸明，能源危機導致島內經濟放緩。1990 年代的經濟成長，也是臺
灣威權體制鬆動後爭鳴的年代，知識份子不斷的追尋台灣的「民主化」、「自
由化」、「本土化」三者。希望由眾聲喧囂的複音年代，找出其集體記憶的變
動性與恆久性。

　　相關研究包括陳彥妃的〈電影《賽德克·巴萊》影像再現之文化分析〉﹝註
7﹞；曲忠恕的〈1970 年代中央電影公司抗戰愛國影片的歷史意義——一個民
族主義觀點的分析〉﹝註8﹞；王維菁的〈從四大報看台灣「文化創意產業」進
程與台灣社政經之交互關係〉﹝註9﹞；張弘毅的〈電影《賽德克·巴萊》的歷
史書寫與歷史意識〉﹝註10﹞；陳盈如的〈影視史學課程對國一學生歷史思維
能力與國家認同影響之研究——以二二八事件為例〉﹝註11﹞；吳晉賢的〈電

---

﹝註7﹞ 陳彥妃，〈電影《賽德克·巴萊》影像再現之文化分析〉（高雄：高雄師範大
　　　 學台灣歷史文化及語言研究所碩士論文，2013 年）。
﹝註8﹞ 曲忠恕，〈1970 年代中央電影公司抗戰愛國影片的歷史意義—一個民族主義觀
　　　 點的分析〉（台北：臺灣師範大學歷史學系碩士論文，2014 年）。
﹝註9﹞ 王維菁，〈從四大報看台灣「文化創意產業」進程與台灣社政經之交互關係〉
　　　 （台北：臺灣師範大學大眾傳播研究所碩士論文，2013 年）。
﹝註10﹞張弘毅，〈電影《賽德克·巴萊》的歷史書寫與歷史意識〉（台北：臺北市立
　　　 大學歷史與地理學系社會科教學碩士論文，2015 年）。
﹝註11﹞陳盈如，〈影視史學課程對國一學生歷史思維能力與國家認同影響之研究—以
　　　 二二八事件為例〉（台北：臺灣大學國家發展研究所碩士論文，2011 年）。

影票房價值因素之探討──以國產電影為例〉〔註 12〕；洪家翎的〈從電影行銷研究看兩岸電影產業的發展〉〔註 13〕等。

　　其中主要的論文有劉彥伶的〈製作「武則天」─影視史學與歷史教學的微型實驗〉透過「製作歷史劇」的教學活動，搭著《武媚娘傳奇》風潮，探討影視史學與歷史教學的結合，是否能夠提升高中生的學習動機、培養其歷史思維能力，並檢視教學模式可行性，提出改善建議。透過分組報告、討論活動、影片製作、課堂播放等過程，以更多元的方式活化歷史教學，讓學生透過演戲走入歷史，透過觀劇與評論澄清迷思。從學習單與回饋單的分析結果，發現「製作歷史劇」可以提高學生的學習動機並培養歷史思維能力，而「教師引導」在過程中扮演極為重要的角色，進而提出此活動設計較適合開成「跑班選修」，教學現場的教師須具備發展教材的能力，歷史教育在教導學生看到更多的可能性。〔註 14〕

　　謝宜婷的〈影視史學課程對歷史思維能力與態度影響之研究〉在探討「影視史學課程」在提升學生時間概念、歷史知識與歷史解釋之思維能力，以及對歷史學習態度是否有顯著的正向影響。本研究採用準實驗設計，實驗對象以桃園市某國中八年級六個班，共計 159 位學生為研究樣本。將學生分為兩組（各三個班），一組為有接受影視史學課程的實驗組，另一組則是未接受影視史學課程的控制組。經過實驗課程後，所有學生都接受「歷史科學習態度量表」施測，而「歷史思維能力測驗卷」則採延宕測驗，期間經過一個月後才進行施測。最後整理測驗分析資料，採用描述性統計及兩獨立樣本 t 檢定進行分析。研究結果顯示，影視史學課程有助於提升學生的歷史學習態度，惟在「歷史價值信念」面向較不顯著。〔註 15〕

　　李育如的〈影視史學在國中歷史教學的實踐──以影片《稻草人》為例〉由影視史學的概念出發，以都會區的台中市國中生歷史圖像為樣本，探究國中生在各項影視媒體的接收過程中，如何建構歷史意識以及探討國中生對於

---

〔註 12〕　吳晉賢，〈電影票房價值因素之探討─以國產電影為例〉（新北：淡江大學會計學系碩士論文，2012 年）。

〔註 13〕　洪家翎，〈從電影行銷研究看兩岸電影產業的發展〉（台北：世新大學企業管理研究所碩士論文，2012 年）。

〔註 14〕　劉彥伶，〈製作「武則天」─影視史學與歷史教學的微型實驗〉（台北：臺灣師範大學歷史研究所碩士論文，2017 年）。

〔註 15〕　謝宜婷，〈影視史學課程對歷史思維能力與態度影響之研究〉（桃園：萬能科技大學資訊管理研究所碩士，2016 年）。

影視歷史圖像的理解層次、如何利用影視媒體設計教學達到歷史教學的目的，並從教學實例中探究國中生是否可從學習中解讀出劇情外傳達的訊息，並進而激發其歷史思考。研究以都會區——台中市國中生歷史圖像為樣本，研究結果呈現出以下幾個特點：第一，學生容易受影片主軸歷史論述影響，旁支細節的部分則容易忽略，集體意識的狀況明顯。第二，成績優異者敘述文字特別容易受教科書影響。第三，對自身沒有的歷史經驗能夠感同身受，但解讀媒體訊息時會產生謬誤。第四，動態影片在學生重建過去歷史場景與理解人物角色有積極的影響性，甚至左右其看待歷史事件的角度。透過影視文本與史料的教學後，學生對於歷史事件的了解與想像呈現出明顯的興趣與具體的回應，可見影視在國中生生活的地位，但同時也呈現出國中生影視歷史識讀能力，有待進一步的提升。因此，學生思維能力的發展論證其階段性，在課程的設計上應符合學生的能力，安排適當的內容，以培養歷史意識與思維能力。適當的教學方法與史料引導，可將國中生歷史意識導向高層次發展。因而以影視進行歷史教學時，宜配合國中生的特點以達到較佳的成效。〔註16〕

陳盈如的〈影視史學課程對國一學生歷史思維能力與國家認同影響之研究—以二二八事件為例〉選定的影視史學教材，主要是以二二八事件作為背景的《傷痕二二八》及《天馬茶房》兩部影片，透過播放影片的方式進行教學，企圖瞭解影視史學課程對於受試者的歷史思維能力獲國家認同是否會造成改變，以及調節變數在實驗中扮演的角色為何。透過影片的播放，進行前後測的調查研究，得到受試者在觀看《傷痕二二八》後，其歷史思維能力及國家認同的部分皆有顯著差異；觀看《天馬茶房》的組別僅歷史思維能力的部分發生改變、受試學生的歷史思維能力受家庭提供的文化資本具相關性等結論。〔註17〕

李芷嫻的〈以電影《KANO》為例探討台灣電影歷史再現之塑造與居民地方認同感之關係〉，從「影視歷史學」的論述背景下，歷史電影透過動態影像所塑造的歷史不僅提供觀眾對過去世界不同的詮釋，並已成為一種新型態的歷史。本研究是以描述台灣日治時期（1895～1945）的歷史電影 KANO 為研究對象。日治時期，在日本人的治理之下，台灣人爭取自治及民主的抗爭不

〔註16〕李育如，〈影視史學在國中歷史教學的實踐—以影片《稻草人》為例〉（臺中：中興大學歷史學研究所碩士論文，2009 年）。

〔註17〕陳盈如，〈影視史學課程對國一學生歷史思維能力與國家認同影響之研究—以二二八事件為例〉（台北：臺灣大學國家發展研究所碩士論文，2011 年）。

斷。然而這五十年間，日本在台灣建立許多的建設讓台灣走向現代化。台灣人對日治時期的不一的評價讓歷史電影有足夠的空間詮釋這段過去，以不同的角度呈現這段爭議性的歷史。因此，本研究以居民的地方認同感為主軸，探究電影對歷史的詮釋如何影響居民對居住地過去的態度。研究結果發現，除了再現的歷史場景之外，KANO 中呈現的當地文化更賦予了場景生命，使得電影中過去的嘉義與現在的嘉義緊密連結，呼應嘉義居民的現代生活，引起居民對電影的共鳴。KANO 讓居民重拾與嘉義的回憶、更熟悉嘉義的歷史。同時 KANO 也賦予嘉義新的特色，並強化嘉義原本的特色。當居民們相互合作運用這些特色行銷嘉義的過程中，不僅延續了 KANO 所傳達的想法，更提升了居民的社區認同感。〔註18〕

　　林培如的〈電影《賽德克‧巴萊》的歷史書寫與歷史意識〉是以 1930 年的霧社事件，是臺灣歷史上的重大事件，也多次被拍攝為影視作品。2011 年魏德聖拍攝的《賽德克‧巴萊》，使當時的社會掀起對霧社事件的討論與歷史研究。魏德聖以信仰的角度切入，試圖以賽德克族人的觀點重新書寫霧社事件，為族群仇恨找到和解的方式。《賽德克‧巴萊》讓觀眾透過電影從不同於以漢人為中心的論點去認識原住民歷史，而電影中大量採用原住民演員及以賽德克語發音為本片特色之一。導演作為大眾史家，透過其歷史思維，重新書寫歷史。電影不但是大眾娛樂，也是一種記錄歷史的方式，透過生動的影音表現，讓歷史變得平易近人，提供人們另一種認識歷史的途徑。本研究共分為五章，嘗試以大眾史學與影視史學的角度，探討分析電影《賽德克‧巴萊》與其他霧社事件影視作品的歷史書寫、社會政治環境轉變對歷史觀點的影響，以及電影與歷史之間的關係。〔註19〕

　　曾于珊的〈電影與歷史：電影賽德克‧巴萊〉探究〉從《賽德克‧巴萊》透過歷史故事「霧社事件」來討論台灣原住民族的信仰與文化，以馬赫坡部落為主軸，可說是莫那‧魯道的英雄物語。然而原住民的傳統文化較為重視社群感，而非強調個人性，如此一個漢人文化突出個人的「英雄崇拜」，似乎並非原住民文化的重要構成。歷史無法重構，只能夠被再建構，魏德聖導演以自身特有的觀點和歷史的角度來看霧社事件，並拍成《賽德克‧巴萊》，可

〔註18〕 李芷嫻，〈以電影《KANO》為例探討台灣電影歷史再現之塑造與居民地方認同感之關係〉（臺南：成功大學創意產業設計研究所碩士論文，2015 年）。
〔註19〕 林培如，〈電影《賽德克‧巴萊》的歷史書寫與歷史意識〉（台北：台北教育大學藝術與造形設計學系碩士論文，2015 年）。

以說是使它從不同史觀論者的論述釋放出來，除了可以讓觀眾透過觀影方式理解台灣原住民的歷史文化之外，還能夠進而以不同視角去思索這起衝突導致的悲劇。〔註20〕

　　因為當代史的歷史學研究者相對較少，專書及論文散見於各領域研究當中，相關資料論文資料略少，因此希冀由不同角度析論出文創產業及影視史學，以及未來在台灣發展的方向。

　　文化產業是把文化產品予以大眾化，利用現代工業生產的方式，使廣大的民眾都可以擁有或欣賞，在這裡的關鍵字眼是「大眾化」。〔註21〕所以希望從影視史學、文創產業的定義開始，先連結歷史學與兩者的關聯性，再進行文本分析。

　　法蘭克福學派的學者阿多諾（Theodor Adorno）與霍克海默（Max Horkheimer）認為：文化的產生越來越近似於現代工業的生產過程，文的產生也與現代科學技術的結合越來越緊密，使大眾文化取得越來越強勢的地位。〔註22〕因此本論文的進行，希望先由台灣電影發展進行定義，在現代電影中尋找符合1990年代脈絡之賣座票房電影，再加以分析。

　　在進一步瞭解台灣電影市場是否存在壟斷或量產的情形時，我們可能先要注意一個事實，那就是台灣電影市場同時存在台產、港產以及外國產製等三種影片；因為，這三種勢力並不相同，各有各的經濟生產手段，也有控制消費意識的不同能力。〔註23〕

　　國片指涉的概念，是根據《電影法》中新影一字第0930410144號公告、新影一字第0950521900號修正第一點規定，依《電影法》認定基準如下：

　　1. 稱國產電影片者，指由依電影法設立之電影片製作業列名參與製作，並符合下列各款情形之一之電影片。但條約或協定另有規定者，從其規定：

　　（1）主要演員（主角及配角）二分之一以上具有中華民國國民身分證明者。

　　（2）導演具有中華民國身分證明、主要演員（主角及配角）四分之一以

---

〔註20〕曾于珊，《電影與歷史：電影賽德克‧巴萊〉探究〉（台北：台北市立大學歷史與地理學系社會科教學碩士論文，2014年）。

〔註21〕漢寶德，《文化與文創》，頁36。

〔註22〕夏學理等著，《文化創意產業概論》（台北：五南圖書出版，2009年10月），頁14。

〔註23〕盧非易，《台灣電影：政治、經濟、美學》，（台北：遠流出版公司，2000年11月），頁350。

上具有中華民國國民身分證明，且未具有中華民國國民身分證明之主要演員（主角及配角）屬相同國籍者，未逾主要演員（主角及配角）二分之一者。

（3）在國內取景、拍攝達全片三分之一以上、主要演員（主角及配角）三分之一以上具有中華民國國民身分證明，且該電影片未具有中華民國國民身分證明之主要演員（主角及配角）屬相同國籍者，未逾主要演員（主角及配角）二分之一者。

（4）全片在國內完成後製作（指錄音、剪輯、特效、音效、沖印及其他後製工作）、主要演員（主角及配角）三分之一以上具有中華民國國民身分證明，且該電影片未具有中華民國國民身分證明之主要演員（主角及配角）屬相同國籍者，未逾主要演員（主角及配角）二分之一者。但國內無相關後製作設備或技術者，不在此限。

（5）動畫電影片在國內製作費用達製作費用總額二分之一以上或參加該電影片製作之人員二分之一以上具有中華民國國民身分證明者。

2. 稱本國電影片者，指由前點電影片製作業列名參與製作，其中我國電影片製作業參與製作之投資額應爲最大或與其他聯合製作國家或地區投資比例相同，並符合下列各款情形之電影片：

（1）無前點各款情形。

（2）該電影片未具有中華民國國民身分證明之主要演員（主角及配角）屬相同國籍者，未逾主要演員（主角及配角）二分之一者。

3. 稱外國電影片者，指國產電影片、本國電影片及香港、澳門、大陸地區電影片以外之電影片。

4. 國產電影片、本國電影片及外國電影片由中央主管機關審查並認定之。〔註24〕

之所以選擇代表性文本《那些年，我們一起追的女孩》、《我的少女時代》，因爲其建構於 1990 年代的記憶，透過對於當時代的緬懷，卻又能夠在票房上成爲近年來電影的前兩名賣座片，因此具有極高的傳播效應與價值，希望以此兩部電影進行個案分析，做爲代表性文本。

《那些年，我們一起追的女孩》是 2011 年上映的青春愛情片，內容是作家九把刀撰寫的半自傳同名小說《那些年，我們一起追的女孩》改編，也是

---

〔註24〕全國法規資料庫，《電影法》條目，網址：http://law.moj.gov.tw/LawClass/LawAll. aspx?PCode=P0040002，擷取日期：2018 年 2 月 1 日。

九把刀首次執導的電影作品。電影男主角為柯震東飾演、喜歡惡作劇的調皮學生柯景騰，女主角則是陳妍希飾演、受班上男生喜歡的優秀女學生沈佳宜。電影拍攝的地點大都選在彰化縣，並在第 48 屆金馬獎被提名為最佳原創電影音樂。《那些年，我們一起追的女孩》在臺灣、香港和新加坡創下電影票房紀錄，獲選為 2011 年香港夏日國際電影節的開幕電影，並成為香港華語電影史上最賣座的電影作品，直到 2016 年被港產片《寒戰 2》取代。柯震東也獲頒第 48 屆金馬獎最佳新演員獎。2012 年在第 31 屆香港電影金像獎中獲選為最佳兩岸華語電影。

　　《我的少女時代》於 2015 年 6 月 14 日在第 18 屆上海國際影展亮相，正式介紹給兩岸三地的觀眾們。《我的少女時代》同時也入選第 20 屆韓國釜山國際影展之「Open Cinema」單元，獲邀於 2015 年 10 月 5 日在可容納 4000 人之戶外露天劇場公開放映，其中在 2016 年 5 月 12 日於韓國上映時，成為繼《盛夏光年》、《不能說的‧秘密》、《聽說》、《那些年我們一起追的女孩》、《逆光飛翔》這五部電影後，第六部在韓國放映的臺灣電影。《我的少女時代》在全球 24 億票房，是繼《那些年，我們一起追的女孩》之後，另一個成功的海外輸出國片。

　　《我的少女時代》則是被多倫多亞洲國際影展（Toronto Reel Asian International Film Festival）選為焦點影片，於 2015 年 11 月 8 日及 9 日在安省美術館 AGO Jackman Hall 劇場展映，且創下此影展創辦 20 年以來，史上第一次 24 小時內座位完售的秒殺紀錄。〔註 25〕

　　《那些年，我們一起追的女孩》的海外與台灣總票房 12 億，是史上台片賣座亞軍；《我的少女時代》在大陸累計票房 3.5 億人民幣（約台幣 17.5 億元），加上在台港星馬美英等地的票房，總數已達 24 億元，是史上國片全球賣座冠軍。可見得 1990 年代的集體記憶，對於台灣社會有著不小的影響力。

　　從表 1-1 來看，2015 年國內院線電影仍以歐洲與美國電影為多數，總計有 329 部，其中美洲為 178 部，較 2014 年的 183 部減少 5 部，歐洲則為從 2014 年的 111 部增加至 151 部，歐洲電影數量占比也因此較為提升。而台灣電影上映數量方面，2015 年上映國片數量占比為 11.11%，較 2014 年的 10.89% 增加 0.22%。〔註 26〕未計短片及紀錄片，2015 年度共核定 630 部電影，《我的

---

〔註 25〕介紹內容部份引自維基百科，網址：https://zh.wikipedia.org/wiki/我的少女時代。擷取日期 2018 年 1 月 20 日。

〔註 26〕文化部，《2015 影視廣播產業趨勢研究調查報告—電影產業》（台北：文化部出版，2017 年），頁 14。

少女時代》成為其中華語片賣座冠軍，足證其在台的影響力，以文本分析的
重要性。

表 1-1　2015 年國內上映電影來源地區表

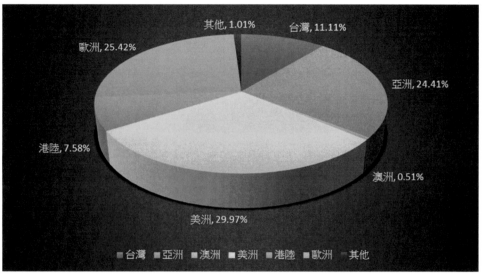

註一：資料來源：文化部

　　從文化工業的觀點，《我的少女時代》獲得文化部影視及流行音樂產業局
2014 年度第 2 梯次台灣電影長片輔導金新人組 700 萬新台幣輔助，文化部也
認同《我的少女時代》擁有文化及文創的內涵。

　　從台灣歷來賣座電影分析，由表 1-2 可以看出，從 2000 年到 2017 年，台
灣電影票房多數為美國好萊塢大片所壟斷，僅有 4 部國片得以入榜，分別是：
第 7 名的《海角七號》、第 13 名的《賽德克巴萊（上）：太陽旗》、第 18 名的
《那些年，我們一起追的女孩》、第 29 名的《我的少女時代》。

　　《海角七號》的上映，開啓了 2008 年後的國片熱，可以說是重要的一
片作品，惟《海角七號》內容建構主要以當代社會為主體，較少涉及到集
體記憶；另一部賣座片則是歷史電影《賽德克‧巴萊》，然則《賽德克‧巴
萊》的原住民族群特殊性，較少能夠成為大眾的集體記憶，故不在本文討
論範疇。

　　其中《那些年，我們一起追的女孩》、《我的少女時代》都是以 1990 年代
為主描述的電影，《海角七號》雖然是當代的內容，但是主要場景在 2004～2005
亦與 1990 年代相去不遠，成為台灣文創集體記憶重要的「黃金年代」。

表 1-2 2000～2017 電影台北地區累積票房排行

| 排名 | 電影 | 上映日期 | 累積票房 | 製作成本 | 發行公司 | 片中年代 | 電影類型 |
|---|---|---|---|---|---|---|---|
| 1 | 阿凡達 | 2009/12/17 | 433,459,675 | 2.37 億美元 | 福斯 | 2154 | 科幻史詩 |
| 2 | 變形金剛 3 | 2011/6/28 | 330,466,653 | 1.95 億美元 | 派拉蒙 | 未提及 | 科幻 |
| 3 | 侏儸紀世界 | 2015/6/10 | 277,907,888 | 1.5 億美元 | 環球 | 2015 | 科幻冒險 |
| 4 | 玩命關頭 7 | 2015/4/2 | 257,193,084 | 1.9 億美元 | 環球 | 未提及 | 動作 |
| 5 | 變形金剛：復仇之戰 | 2009/6/23 | 245,373,480 | 2 億美元 | 派拉蒙 | 未提及 | 科幻 |
| 6 | 復仇者聯盟 | 2012/4/25 | 237,949,916 | 2.2 億美元 | 博偉 | 故事起源 1942 | 科幻動作 |
| 7 | 海角七號 | 2008/8/22 | 232,326,877 | 新台幣 5,000 萬元 | 博偉 | 2005 年左右 | 劇情愛情 |
| 8 | 鋼鐵人 3 | 2013/4/24 | 230,980,554 | 2 億美元 | 博偉 | 1999 | 科幻動作 |
| 9 | 少年 Pi 的奇幻漂流 | 2012/11/21 | 229,813,550 | 1.2 億美元 | 福斯 | 1976 | 劇情 |
| 10 | 變形金剛 4：絕跡重生 | 2014/6/25 | 209,695,992 | 2.1 億美元 | 派拉蒙 | 未提及前集 4 年後 | 科幻 |
| 11 | 復仇者聯盟 2：奧創紀元 | 2015/4/22 | 204,249,883 | 2.67 億美元 | 華特迪士尼影業 | 未提及 | 科幻動作 |
| 12 | 魔戒三部曲：王者再臨 | 2003/12/18 | 200,046,545 | 9400 萬美元 | 福斯 | 架空歷史 | 科幻冒險 |
| 13 | 賽德克巴萊（上）：太陽旗 | 2011/9/9 | 198,600,035 | 賽德克巴萊（上）、（下）合計新台幣 7～7.5 億元 | 果子 | 1930 | 劇情史詩 |
| 14 | 2012 | 2009/11/13 | 195,927,800 | 2 億美元 | 博偉 | 2012 | 科幻災難 |
| 15 | 變形金剛 | 2007/6/28 | 187,520,076 | 1.5 億美元 | 派拉蒙 | 未提及 | 科幻 |

| 16 | 美國隊長3：英雄內戰 | 2016/4/27 | 183,668, 450 | 2.5 億美元 | 華特迪士尼影業 | 未提及 | 科幻 |
|---|---|---|---|---|---|---|---|
| 17 | 玩命關頭8 | 2017/4/12 | 183,540, 980 | 2.5 億美元 | 環球 | 未提及 | 動作 |
| 18 | 那些年，我們一起追的女孩 | 2011/8/6 | 181,604, 478 | 新台幣5,000萬元 | 福斯 | 1994 | 愛情 |
| 19 | 明天過後 | 2004/5/28 | 181,388, 280 | 1.25 億美元 | 福斯 | 20世紀末期 | 科幻災難 |
| 20 | 不可能的任務II | 2004/5/24 | 173,282, 865 | 1.25 億美元 | 派拉蒙 | 未提及 | 動作諜報 |
| 21 | 哈利波特：火盃的考驗 | 2005/11/18 | 168,801, 020 | 1.5 億美元 | 華納 | 未提及 | 科幻劇情冒險 |
| 22 | 黑暗騎士：黎明昇起 | 2012/7/19 | 168,386, 003 | 2.5～3 億美元 | 華納 | 1933 | 科幻 |
| 23 | 神鬼傳奇II | 2001/05/04 | 167,838, 885 | 8千萬美元 | 環球 | 未提及 | 科幻冒險驚悚 |
| 24 | 全面啓動 | 2010/7/16 | 167,005, 081 | 1.6 億美元 | 華納 | 未提及 | 科幻動作驚悚 |
| 25 | 玩命關頭6 | 2013/5/22 | 165,015, 063 | 1.6 億美元 | 環球 | 未提及 | 動作 |
| 26 | 魔戒二部曲：雙城奇謀 | 2003/1/9 | 163,877, 610 | 9.4 千萬美元 | 新線電影公司 | 1943/6/13 1992/2～1993/5 | 科幻冒險 |
| 27 | 哈利波特：消失的密室 | 2002/11/15 | 162,361, 640 | 1 億美元 | 華納 | 1981/11 1991/6～1992/6 | 科幻劇情冒險 |
| 28 | 哈利波特：神秘的魔法石 | 2001/11/4 | 159,983, 475 | 1.25 億美元 | 華納 | 1990年代中期 2015 | 科幻劇情冒險 |
| 29 | 我的少女時代 | 2015/8/7 | 158,731, 830 | 新台幣8,500萬元 | 華聯國際 | 1990年代 | 愛情 |
| 30 | 露西 | 2005/11/18 | 168,801, 020 | 1.5 億美元 | 華納 | 未提及 | 科幻動作 |

註：※電影票房來源：電影觀測站(2016～2017)、財團法人國家電影中心(2000～2015)。

※台灣電影產業，除台北市外，其他地區從未有公開的票房統計資料，導致 2016 年
以前台灣並未擁有全國性票房統計數據，電影票房收入通常以台北市的 1 至 2 倍之間
計算；爲提供準確數據，特以持續擁有票房統計之紀錄的大台北地區爲研究對象。

※財團法人國家電影中心自民國 67 年創立之初，開始統計大台北地區電影票房，並
於每年 12 月底出版前一年之電影年鑑。2017 年起，台灣全國電影票房統計資料終於
正式啓動，國家電影中心開始於每月公告上映 30 天以上的電影票房資訊，第一份全
國電影票房統計時間爲 105 年 11 月。

　　從表 1-3 來看，由票房／成本比，國片賣座排名第一的《海角七號》以
4.64 的效益遙遙領先，其次是《那些年，我們一起追的女孩》的 3.63、《我的
少女時代》的 1.86、《賽德克巴萊（上）：太陽旗》的 1.05。甚至可以說，《賽
德克巴萊（上）：太陽旗》在扣除高昂的製作成本後，票房盈餘所剩無幾，遠
不若前幾部的效益。效益比最高的《海角七號》，主要年代在 2005 年，之後
的《那些年，我們一起追的女孩》、《我的少女時代》，片中年代均爲 1990 年
代爲主體，因此以此兩部文本做爲內容分析的表徵。

表 1-3　2000～2017 國片台北票房排行

| 排名 | 電影 | 片中年代 | 台北票房 | 製作預算 | 票房／成本比 |
|---|---|---|---|---|---|
| 1 | 海角七號 | 2005 年左右 | 232,326,877 | 5,000 萬元 | 4.64 |
| 2 | 那些年，我們一起追的女孩 | 1990 年代 | 181,604,478 | 5,000 萬元 | 3.63 |
| 3 | 我的少女時代 | 1990 年代 | 158,731,830 | 8,500 萬元 | 1.86 |
| 4 | 賽德克巴萊（上）：太陽旗 | 1930 | 上集約上集 3.7 億元 | 賽德克巴萊（上）、（下）合計新台幣 7～7.5 億元 | 1.05 |

註：※電影票房來源：電影觀測站（2016～2017）、財團法人國家電影中心（2000～
2015）。

※作者整理。

　　從歷來國片在台灣賣座排名析論，《我的少女時代》在台灣票房 4.1 億，
雖登上 2015 年台片在台灣的賣座冠軍，在歷年台片的全台票房排行榜排名第
5，略輸給《那些年，我們一起追的女孩》的 4.25 億票房。

　　因此本論文希望藉由塑造 1990 年代集體記憶的電影《那些年，我們一起

追的女孩》、《我的少女時代》等影視資料，探究集體記憶的成形，以及集體記憶的眞實性。在其他輔助資料上，運用報紙、雜誌、媒體資料等作爲使用文本，以及相關的雜誌報導、廣告，希望能夠找到符合研究取向的目標文本。

　　文本的敘事與研究，主要是從 2000～2017 年的電影中，透過高票房電影的分析，找出明顯與歷史、集體記憶相關的影片，從往事（Story）與論述（Discourse）兩個取向闡釋文本的內在條件。希望本論文能從「質性研究」的文本分析，從歷史學議題設定中，尋找出新文化史浸涵的角度，分析文創產業及文化工業在台灣發展的脈絡及可能性。

　　本研究計畫在文本分析上，主要使用的研究方法有：

## 一、歷史研究

　　運用歷史資料，依史事發展脈絡，對於過去發生的事件進行深層的研究，以尋求事件之前因後果關係。因而本文對政治、社會、媒體情境的分析自 1949～2017 年的電視發展。

## 二、量化研究

　　史家應用綜合方法，必須濟以分析方法，不先作細密的分析，難期精確的綜合。〔註 27〕希望取得經濟數據式分析，討論量化研究後人口、消費等相關產經數字，並加以闡述。

## 三、傳播理論

　　運用傳播學的理論模組，試圖由傳播學角度檢視歷史研究的本質，並且尋找合適理論架構，解構社會內化，以及文創產業與歷史的互動性、傳播的效應。

## 第四節　小結

　　暢銷網路作家九把刀執導的第一部電影《那些年，我們一起追的女孩》在香港以 6129 萬港幣刷新華語片票房，在台灣也創下新台幣 4.1 億元票房；導演陳玉珊推出的《我的少女時代》，從英語「Our Times」，就可以瞭解是營造共同記憶與集體認同主題，全球 24 億票房也是繼《那些年，我們一起追的女孩》之後，另一個成功的海外輸出國片。

---

〔註 27〕杜維運，《史學方法論》（台北：三民，1999 年 9 月），頁 131。

　　由於主流與小眾影視文化表現形成的商業化產品，所獲得的大眾肯定形成了制度化的認證，未來文化知識內涵的商品，在文創產業會有更高的含金量，並且足以形成產業化的文化資本，進而帶動周邊文化工業與文化創意產業的發展。〔註28〕

　　「影視史學」等後現代史學研究興起，歷史重新解構成為單一個體，再藉由個體聚集為群體後的圖像，來展現文化史的部份樣貌。希望本研究〈大眾電影與文創產業發展——以 2005～2017 兩部代表性電影傳播為例〉，能夠透過整體電影史的發展，在歷史的脈絡與集體記憶中，找到台灣文創發展的新定位。

---

〔註28〕廖世璋，《文化創意產業》（高雄：巨流圖書公司出版，2011 年），頁 72。

# 第二章　影視史學、文化工業與文創產業的發展

## 第一節　台灣影視史學的發展

　　影視資料開始生產之後，提供歷史學者許多新的方向，新媒體帶來的新史料及研究方向，讓歷史學者開始思考如何運用此媒介，以進行負載資訊、排列影像及文字，提供讓人驚訝的聲光結合，創造出包含視覺因素的分析結構（analytic structures）。〔註1〕由於視覺媒體所用的手法（conventions）是如此的強烈，對於史家來說，剛開始是驚訝，之後則突顯了傳統書寫歷史的手法及限制。〔註2〕隨著影視、新聞媒體等紀錄的多元方式，利用影音資料做為歷史研究的文本，也越來越多。

　　懷特引用羅森史東（Robert Rosenstone）及賈維（Ian Jarvie）的兩篇文章進行討論，分別以其作為不同的有關電影及歷史間關係論點的代表，並且以對於羅森史東有關影像帶給歷史研究挑戰之問題的回應，作為其論述的起點。學者周樑楷在翻譯英文 historophty 時，最早原先構想是譯為「影視歷史」，以便與「書寫歷史」相對應，但是使用「影視歷史」易與電影史或電視史混

---

〔註1〕陳玉珍，〈「教育影視史學」成立之可能性〉，頁35。

〔註2〕R. A. Rosenstone，「History in Images/History in Words: Reflections on the Possibility of Really Putting History onto Film.」 *The American Historical Review*，93（5），（Bloomington：Oxford University Press for the American Historical Association，1988），P.184。

淆；周樑楷認為使用「影視史學」，是有意將其範圍擴大，希望包含所有的「影像視覺」在內，這樣對於懷特定義的 historiophoty 有所不同，所以中文的「影像史學」其實包含所有的圖像符號，無論靜態或動態的。〔註3〕

周樑楷認為：

> 影視史學的興起，首先喚醒專業史家注意到語言、圖像已經和文字書寫鼎足而立，就語言來講，世界各地初民社會幾乎都有口傳歷史（oral tradition），而近百年來更有口述歷史（oral history）的崛起。就圖像來講，從早期的岩畫，及世界各地平面或立體的靜態圖像，到當代的動態影像，琳瑯滿目。這些歷史文本，不僅將使得日後歷史的「認知」和「傳達」變得多采多姿，而且也彰顯現有史學理論的侷限和落伍，無法涵蓋有關新媒體的理論。很顯然地，新的史學理論或方法論已迫切等待大家共同耕耘開發。〔註4〕

雖然周樑楷認為「語言、圖像已經和文字書寫鼎足而立」，然則語言、圖像應是作為史料，因其缺乏分析論證，由於歷史學強調求真，圖像與影像有時非以追求真相的步驟，也未必以此為終極目的。

從學者陳玉珍分析周樑楷對「影視史學」的使用方式，可以看出影視史學指的是：

> 一、以靜態的或動態的圖像、符號，傳達人們對於過去事實的認知。
>
> 二、探討分析影視歷史文本的思維方式或知識理論。〔註5〕

周樑楷對於 historiophoty 的構想，與懷特的原意相類似，偏向以「電影電視」等影片論述（filmic discourse）；但若就其對於「影視史學」涵義解釋，希望能擴充「影視」的內涵包括所有的動靜態圖像。〔註6〕

影視史學關係到不僅是影視與歷史，其中的歷史題材、影視市場效益與意識宣傳，更是有力的結合，運用影視史學的現代技術與傳播，加上對於歷史情境的掌握，將過去歷史事件、歷史氛圍、社會脈絡呈現在螢幕，其實和過去歷史書寫的方式相同，同樣達到影響人群的「明喻」或「隱喻」作用，只是從書本轉移到影像科技。

---

〔註3〕陳玉珍，〈「教育影視史學」成立之可能性〉，頁35～36。
〔註4〕周樑楷，〈影視史學：理論基礎及課程主旨的反思〉，頁461。
〔註5〕周樑楷，〈影視史學：理論基礎及課程主旨的反思〉，頁445～470。
〔註6〕陳玉珍，〈「教育影視史學」成立之可能性〉，頁36～37。

　　但其中與眞實史料不同的是，因其牽涉影視市場效益與意識宣傳，目的不全然爲求眞，還是有一些差異。

　　若是從歷史劇來看，走出過去傳統說教和宣傳，將歷史的內容交由觀眾閱聽，使觀眾由被動的接受者變成主動影響者，使「死」的歷史成爲「活」的教材，觀眾觀賞電視劇不再僅僅爲休閒，而是從中得到對歷史的認識和評價。〔註7〕不過，在沒有求眞的前提下，這樣的史料是危險的，但可做爲分析當代情境之用途，仍有其效用。

　　文化批判者尼爾‧波茲曼（Neil Postman）曾分析圖像革命帶來的後果：

> 　　電視呈現出來的世界在我們眼裡已經不再是奇怪的，而是自然的。這種陌生感的喪失是我們適應能力的一種標誌，而且我們的適應程度在一定程度上反映了我們的變化程度。我們的文化對於電視認識論的適應非常徹底，我們已經完全接受了電視對於眞理、知識和現實的定義。
>
> 　　無聊的東西在我們眼裡充滿了意義、語無倫次變得合情合理。如果我們中的某人不能適應這個時代的模式，那麼在我們看來，是這些人不合時宜、行爲乖張，而絕不是這個時代有什麼問題。〔註8〕

其實可以看出，尼爾‧波茲曼所提出的是，人們對於電視上的假像與眞相的辨識度不高，在追求歷史眞實的同時，若是純以傳播廣度的影響，影視作品必然會超越一般史學作品的影響性，史家必須針對虛構與眞實作出平衡性。

　　本論文所定義的「影視史學」，指涉的是影像視覺、電影傳播、族群建構與歷史學的關係，由於影視史學如同書寫史學般，已是傳達歷史的媒介之一，雖然任何影片都涉及眞實問題，但是任何歷史著作或傳達歷史的媒介都不可避免的會有作者個人主觀意識及背後時代因素，影視史學在同樣的邏輯思維下亦難避免，其中終極目標是否追求眞相仍是其與傳抗史學的最大差別。但是反映出作者主觀意識與當代社會意識、價值觀或集體記憶，仍是極有其價值。因此影視史學，除了傳達對歷史情境的認知之外，更重要的是反應當代的意識及集體記憶。

---

〔註7〕林錦昱，〈由歷史劇的熱潮看影視史學的發展可能〉，《北市大社教學報》第12期（2013，年台北：台北市立大學），頁156。

〔註8〕尼爾‧波茲曼（Neil Postman）著；章艷、吳燕莛譯，《娛樂至死》（桂林：廣西師範大學，2009年），頁72。

　　學者張廣智在著作《影視史學》提及，「敘事是影視史學與書寫史學的共同特徵。」〔註9〕「影視史學」的出現，不應只是從歷史劇或電影出發，可以視爲一種新型態史料的出現，供歷史研究者擁有更多的資料做分析，就如同研究書籍、器物、考古資料等，是瞭解社會脈絡及其影響的一部份。

## 壹、80 年代以前台灣影視史學之發展概述

　　20 世紀初電影的製作與觀看之風潮開始傳入台灣，1895 年到 1945 年日治時期，日本殖民政府爲了加強統治，大量輸入日本影片，用來爲日本軍國主義作宣傳，日治時期曾有抗戰人士拍攝了抗日題材電影，鼓舞抗戰鬥志，〔註10〕由此可見影視是足以影響當代社會，並且做爲史料研讀。

　　1945 年日本投降，二次世界大戰結束後，台北成立台灣省電影制片廠，次年開始生產新聞紀錄片，兩個月生產一輯，在台灣少數影院巡回演出。另外，1950 年代，台灣一共生產了 237 部劇情片，其中 58 部是國語片，其他是台語片。當時台灣先後有 4 家官方制片機構，包括農業教育影片公司、中國電影制片廠、台灣省電影制片廠、中央電影事業股份有限公司。由於當時國府主要灌輸的政治意識形態是反共，官方影片公司出品的影片大多是反共主題，如《惡夢初醒》、《梅崗春回》等。〔註11〕

　　1960 與 1970 年代，台灣經濟逐漸好轉，電影業開始進入蓬勃發展時期，台灣電影迎來在亞洲的黃金時代，電影產量豐富，每年出產 200 餘部影片，當時產量與美國好萊塢影片相去不遠，各類電影題材大量呈現，1963 年導演李翰祥的《梁山伯與祝英台》〔註12〕在台灣上映，引起空前轟動，創下了台北首映 72 萬人次的最高紀錄，顯示出人們對於電影的接受度極高。

〔註9〕 張廣智，《影視史學》，頁 94
〔註10〕 許如婷，〈全球霸權秩序的再現：美國／日本／台灣影像文化依附的論述〉（2000 年，新北），頁 33。
〔註11〕 蘇威銘，〈台灣當代院線記錄片的革新與困境—以楊力州的作品爲例〉（2014 年，台中），頁 48。
〔註12〕 《梁山伯與祝英台》是 1963 年由香港邵氏電影公司製作的電影，改編自知名中國民間傳說《梁山伯與祝英台》。電影由李翰祥自編自導，樂蒂飾祝英台，新人凌波反串演出梁山伯，全部歌曲皆採用黃梅調演唱，被視爲 1960 年代極其重要的電影之一，在臺灣、中國大陸和香港紅極一時，並且獲得第 2 屆金馬獎最佳影片、最佳導演、最佳音樂、最佳剪輯、最佳女主角、最佳演員特別獎 6 項大獎，以及第十屆亞洲影展最佳彩色攝影、最佳美術指導、最佳音樂、最佳錄音獎。

1964 年，導演李行首次將瓊瑤小說搬上銀幕，開啓瓊瑤言情小說改編成電影的先河。此後 20 年間，約有 40 多部瓊瑤小說改編成電影，這種浪漫愛情片受到台灣本土及海外觀眾的喜愛，成爲了這一時期電影的主流。與此同時，武俠電影也在台灣流行開來，1966 年，香港導演胡金銓到台灣執導了武俠片《龍門客棧》〔註13〕，在票房上取得了巨大的成功。之後幾年間，台灣電影的票房冠軍均爲武俠片。武俠片和愛情片雄霸台灣影壇達 20 餘年，直到上世紀 80 年代初台灣新電影的興起。〔註14〕

## 貳、80 年代後影視鄉土文化及多元文化現象

1980 年代以後，台灣社會文化進入「回歸期」，走向鄉土文化和本土文化。電影也開始興起回歸鄉土的風潮，從 1980 年代初期的台灣「新浪潮電影」開始論述，延續 1960 年代「健康寫實主義」風潮形成的人文寫實主義傳統，由楊德昌、侯孝賢等人掀起，創作出了一批台灣社會史的寫實影片，像是《童年往事》〔註15〕、《光陰的故事》〔註16〕、《悲情城市》〔註17〕、《海灘的一天》〔註18〕等，改變了台灣電影在世界電影格局中的面貌，屢獲多項國際大獎。

---

〔註13〕 《龍門客棧》是 1967 年上映的香港武俠電影，由胡金銓赴台執導。曾獲得第六屆金馬獎優等劇情片、最佳編劇獎。本片除了是該年度台灣票房冠軍，亦刷新在台灣拍攝的電影在香港以及東南亞的票房紀錄，自此開啓台灣武俠片熱潮。

〔註14〕 韓旭爾，〈台灣新聞片語紀錄片產製之歷史分析（1945～2001）〉（2001 年，台北），頁 88。

〔註15〕 《童年往事》由侯孝賢導演，於 1985 年上映，描寫一家族的悲歡喜樂，面臨生老病死之泰然的豁達態度，透露出台灣人敦厚本質，以及對生命成長的關懷，劇本以侯孝賢導演童年至大學聯考前之回憶自述爲背景主軸，自傳性色彩強烈，構築出那個年代台灣社會民眾的集體回憶。

〔註16〕 《光陰的故事》被譽爲台灣「新浪潮電影」的開始，四位導演拍攝的四段故事《小龍頭》、《指望》、《跳蛙》、《報上名來》構成了童年（小學）、少年（中學）、青年（大學）、成年（社會）四個人生時期。
每個階段都有相應的夢幻世界的快樂和現實世界的煩惱，只是隨著年歲增長，兩者比例會有改變。

〔註17〕 《悲情城市》是一部 1989 年發行，由侯孝賢執導的反映「二二八事件」歷史電影，由於劇情涉及到台灣政治最敏感的「二二八事件」爭議，直接挑戰尚未民主化的台灣社會，引發起各界人士曯目，《悲情城市》參加義大利威尼斯影展並榮獲最佳影片「金獅獎」，成爲首部在世界級三大影展內榮獲首獎的台灣電影，帶動起拍攝場景臺北縣瑞芳鎮九份的繁榮，讓金瓜石地區成爲觀光景點。

〔註18〕 《海灘的一天》於 1983 年上映，由楊德昌擔任導演，楊德昌與吳念眞擔任編劇，並由張艾嘉、胡茵夢主演，是台灣新浪潮電影作品之一。劇情描寫女性追尋愛情以及工作後的人生意義，以及如何追尋自我價值。

　　例如 1982 年由楊德昌、柯一正導演的《光陰的故事》，由李立群和張艾嘉主演，歌手羅大佑為此還專門創作了一首名為《光陰的故事》的歌曲。到了 2009 年還有改用電視連續劇的形式來演繹的《光陰的故事》，雖然故事情節完全不同，但都是對於眷村生活的體驗。主要電影內容都是中華民國政府退守台灣後，退伍的國民黨士兵和台灣本地人結合，一起緊跟台灣的社會進步而發展，充分展現台灣各種族群融合。但是主題的轉移亦限制發展格局，而使影片難走出台灣，或是影響票房。

　　侯孝賢導演的《悲情城市》獲得第 46 屆威尼斯影展金獅獎、聯合國教科文組織人道精神獎等多種獎項。新浪潮電影扭轉了當時的西化傾向，拓展了電影的題材，開始關注現實和普通人，逐步恢復了觀眾對電影的興趣。這兩部電影均是以歷史的角度出發，透過幾個家庭的生活軌跡，折射出歷史和文化的變化。劇中始終彌漫著濃濃的懷舊氣息，將觀眾帶領到歷史情境之中，共同成長的集體記憶，也讓閱聽眾找到自己的影子，以及對父母輩的關懷。〔註19〕

　　台灣的影視媒體的發展，在 80 年代後伴隨著反對運動而興起，創造出一批小眾媒體工作者，他們的崛起，代表著對於當時主流媒體所造成單向、宰制論述的不滿。尤其是當時，台灣社會西學東漸，電影業出現了西化趨向，美、日電影逐漸占領了電影市場，還出現了武俠、色情、神鬼電影充斥影壇的現象，這類影片占到電影業的百分之 70、80，遏制了台灣電影的寫實主義傳統，導致了台灣電影的危機。〔註20〕然則美、日輸入的電影，不如本土電影能夠檢視台灣社會環境，更缺乏集體記憶與社會發展脈絡。

## 參、80 年代後影視女性意識的崛起

　　台灣影視作品中對女性形像的塑造，在不同的階段呈現出不同的面貌。20世紀 80 年代，台灣經濟起飛後，文化作品也開始呈現出欣欣向榮的局面。傳統上女性的經濟地位整體不高，生活封閉狹隘，凡事沒有自主權，在兩性關系中處於劣勢和被壓迫的地位。在經濟發展的刺激下，現實女性有了經濟獨立的迫切需要和自我解放的意識。當時，台灣社會的女性主義運動非常活躍。尤其是 1987 年政治解嚴之後，更為女性運動和女性解放，提供了相對寬鬆、自由的氛圍。

〔註19〕李道明、張昌彥計畫，《紀錄台灣：台灣紀錄片研究書目與文獻選集》（台北：文建會出版，2000 年），頁 115。

〔註20〕李天鐸、劉現成，《全球化風潮下台灣傳播集團發展策略與規模突破》（台北：台灣有線視訊寬頻網路發展協進會專案委託研究計畫，2002 年），頁 28。

　　回歸社會脈絡下，影視文化作品常將婦女形像，放在社會諸種關係中，進行理性觀照，通過觀照，恢復婦女作為社會存在物的本來面目的人。這樣的影視書寫方式強調女性的社會角色，並內涵了一種權利抗爭的主體意識和行為動機，帶有很強的社會批判色彩，這無疑具有開創性的現實意義。〔註21〕

　　每個人的成長與成熟，都有賴於自我意識的形成，無論男性女性。因此，對於女性意識的形成來說，自我意識的形成同樣是最重要的、也是最基本的。同時，對於女性來說，自我意識的形成與爭取自己的獨立人格緊密相連。覺醒的婦女第一個自覺動作，總是試圖尋找自己。80 年代後台灣影視作品中的女性意識，首先就表現在女性自我意識的覺醒上。

　　例如電影《沉睡的青春》〔註22〕為例，主角青青的媽媽離家之後，父親整天酗酒、神志不清，對於爸爸這樣的生活狀態，青青既無奈又很生氣。最終，從來沒有坐過火車的青青，下決心乘坐火車離開了爸爸，離開了家，發誓不再回來。她的離家出走，是自我意識覺醒的表現，從此開始了自己有靈魂的生活。這個過程中，愛情的萌芽對於她自我意識的甦醒也起了一定的促進作用。

　　《寶米恰恰》〔註23〕同樣結合青春期女孩對愛情的嚮往來表現自我意識的覺醒。影片中張寶妮和張米妮是一對雙胞胎，妹妹米妮成績很好，而且兩姐妹老是被他人比較，這讓姐姐寶妮很困擾。一個偶然的機會，寶妮認識了徐永平，兩個人互有好感。徐永平知道寶妮喜歡吃菠蘿面包，就經常買菠蘿面包送過去。沒想到，他卻沒有送給張寶妮，而是錯送給了張米妮。寶妮心裡很苦惱，不知道該怎樣說清楚這事。喜歡上一個老是認錯自己的家伙，這本身就比較尷尬和無奈。這件事情糾結了很久，徐永平才知道了真相。遭遇

〔註21〕 易璇，〈人道關懷與溫情主義─21 世紀初台灣主流紀錄片研究〉（台南，2011年），頁 62。

〔註22〕 《沉睡的青春》在 2007 年上映，由導演鄭芬芬執導首部劇情片，僅用 18 天的時間即完成了整部電影的拍攝工作，全片在平溪、菁桐車站、樂生療養院拍攝，影像風格極為獨特，在懷舊的過去式情境之中，展開戀愛與療傷。電影劇本來自真實的社會新聞，四個男孩相偕去戲水，結果三個人死掉了，只剩下一個活著游回來，成為鄭芬芬創作的靈感。

〔註23〕 《寶米恰恰》是 2012 年劇情片，由楊貽茜、王傳宗聯合執導的電影，改編自楊貽茜的同名小說《寶米恰恰》，描述她與雙胞胎妹妹青春期的故事。《寶米恰恰》獲得 2012 年第 14 屆台北電影獎最佳劇情長片、最佳編劇及最佳剪輯等獎項，隨後入圍第 49 屆金馬獎最佳新導演、最佳新演員、最佳原著劇本、最佳原創電影歌曲及最佳視覺效果五項大獎。

了這樣的經歷，想要做眞正自己的願望對寶妮來說變得非常強烈。

電視劇文本《敗犬女王》〔註24〕中的單無雙是 21 世紀台灣偶像劇中最有個性也最讓人印像深刻的女主人公之一。雖然過了適婚年齡仍單身未嫁，但單無雙的生活異常充實。她在自己的工作領域表現，出超乎尋常的工作能力。經濟上的獨立是她人格獨立的基礎，也形成了她自身的獨特魅力，最後還爲自己贏得了人人爲之羨慕的愛情。影視文本中，女性主義的茁起，對於擺脫男性依附，成爲眞正的獨立女性，是非常重要的傳播型態。

在 80 年代後的台灣影視作品中，也反映了現實生活中女性的這種變化，著力塑造了一些具有獨立意識的女性，成就了台灣影視作品的女性意識形像。個性獨立意識，是女性自覺要求在經濟上、心理上、精神上和人格尊嚴、社會角色塑造等方面擺脫對男性的依附性，而趨向自主、自立與自強的一種意識特徵。這些特徵完整勾勒了現代女性的形像，提升了女性形像的內在素質。尤其在 21 世紀的台灣影視作品中，出現了很多非常自信的女性形像。她們能正視自我的價值，掌控自己的情感和生活，即使是面對生活中的不幸和缺陷，她們也能平靜自如地應對，於內斂中表現出一種對於未來的信心。〔註25〕

要以一個章節介紹出完整的台灣電影史必然是無法達成，只能概觀思考台灣各時期電影發展的脈絡及原因，爲何在特定時空下會產製特定電影，是很有趣的觀點，至於電影與民族主義、集體記憶與社會意識的再造，第三章將從台灣電影史與政治、文化氛圍的結合，探究對於社會脈絡的呈現與發展。

# 第二節　文化工業、大眾文化與文化創意產業之連結

文化的定義十分複雜，但多數學者認同文化是人類行爲的複合體，大眾文化（Mass Culture）是一種產生於 20 世紀城市工業社會、消費社會的，以大眾傳播媒介爲載體並且以城市大眾爲對象的複製化、模式化、批量化、類像化、平面化、普及化的文化形態。影視傳播作爲文化重要的一個部份，影視

---

〔註24〕《敗犬女王》是 2009 年三立電視製作、台視與三立都會台共同播出的電視劇，由藝人阮經天、楊謹華、溫昇豪、楊雅筑、張懷秋主演。故事講述 33 歲的「敗犬女王」單無雙姐弟戀單身不婚的過程。第 44 屆台灣電視金鐘獎：戲劇節目獎、戲劇節目女主角獎、戲劇節目男配角獎、戲劇節目導播（演）獎、節目行銷獎、頻道廣告獎等 6 項入圍。

〔註25〕田又安、褚洪濤主編，《2011 影視產業趨勢研究調查報告—電視及電影產業》（台北：新聞局出版，2013 年），頁 3。

史學的發展也與文化工業息息相關。

　　「文化工業」（culture industry）是由法蘭克福學派所提出的構想，法蘭克福學派形成於 1930 年代，在 1938 年，舉者阿多諾（Theodor W. Adorno）撰寫〈關於音樂中的拜物教性質及聽覺的倒退〉等論文，開始全面探討大眾文化；阿多諾和班雅明（Walter Benjamin）就文化中大眾化、技術化、商品化的社會功能展開爭論。在 1944 年，霍克海默（Max Horkheimer）在〈藝術與大眾文化〉文中，首次把大眾文化與文化工業聯繫在一起，認爲文化工業就是「文化操縱」。阿多諾在《啓蒙的辦證法》書中對大眾文化批判的基本路線，發表《新音樂哲學》（1950）、《梭鏡：文化批判與社會》（1955）、《音樂社會學導論》（1962）等看法，將文化工業的問題使政治化，也開始研究資本主義的大眾文化，其實是對於人民群眾的意識剝奪。文化工業不非以求眞爲目的，更重視的是對大眾的影響。

　　法蘭克福學派最初使用「大眾文化」，後來則用「文化工業」，因爲大眾文化與文化工業有著非常強的連結性，從法蘭克福學派的觀點來看，文化工業即「現代大眾文化」，除了具有一般意義上大眾文化的內涵，根據學者陳學明在《文化工業》中分析，特別具有以下特點：

## 一、文化的產生越來越類似於現代大工業的生產過程

　　　　文化製品的製造者不僅僅像彌爾頓創作《失樂園》那樣是本性的流露，更多是爲了消費而進行生產。這種生產完全是標準化的，類似於工廠生產產品，是成批的複製與拷貝。一首歌曲、一篇小品、一則廣告，就流行服裝一樣生產出來，被大眾購買。

## 二、文化的產生與現代科學技術的結合越來越緊密

　　　　科學技術突飛猛進的發展，爲「大眾文化」的傳播提供了現代化的載體。報紙、雜誌、廣播、電影、電視、錄音、錄影，特別是微電子技術、衛星傳送技術、光纖通訊技術、光儲存技術的出現，使大眾文化對時空獲得更強的占有性和對接受者產生更大的強迫性。

## 三、文化的主體越來越不是作爲文化消費者的廣大人民群

　　　　現代大眾文化有專營的製作人、經營者，這些人對大眾文化起著

主宰作用。在大眾文化的市場利益份額中，他們是主要得利者。〔註26〕
阿多諾討論了文化工業體系的內在邏輯以及各種動力的運作，他認爲我們在
文化工業體系中同時具備生產者與消費者的身份，不僅在物質上生產並消費
我們生產的東西，同時也在概念上重複這樣的循環。「正因爲電影總是想去製
造常規觀念的世界，所以，常看電影的人也會把外部世界當成他剛剛看過的
影片的延伸，這些人的過去經驗變成了製片人的準則。他複製經驗客體的技
術越嚴謹無誤，人們現在就越容易產生錯覺，以爲外部世界就是螢幕上所呈
現的世界那樣，是直接和延續的。」〔註27〕

社會學家貝爾（Daniel Bell）在《資本主義的文化矛盾》中指出：

> 從社會學家角度分析，文化大眾有三種類型的構成者。它包括
> 不懂有文化的創作者，還有它的傳播者…，正是同一群人，作爲作
> 家、雜誌編輯、電影製片人和音樂家等等，爲更多的大眾文化觀眾
> 生產普及的產品。而在這三種類的人中，創作者、傳播者主宰著大
> 眾文化的方向和面貌，是文化大眾的中堅，是他們塑造著廣大觀眾、
> 讀者的審美趣味。〔註28〕

貝爾認爲，創作者、傳播者影響著大眾文化的走向，也是引領大眾思考的人，
如同文化工業有製造者，同樣也有銷售者，讓文化工業讓大眾爲之接受，進
而達成工業化及獲利的目的。

阿多諾在《文化工業再思考》中解釋了使用文化工業的動機，他認爲文
化工業把古老的東西與熟悉的東西熔鑄成一種新質，因此刻意爲大眾消費生
產出來並在很大程度上決定了消費性質的產品，或多或少是按照計劃炮製出
來的，並且用心地自上而下整合它的消費者，把數千年高雅藝術與低俗藝術
聚合在一塊，結果雙方都深受其害。〔註29〕

阿多諾把文化工業歸納爲四種：

# 一、商品化

隨著市場經濟作爲一種潮流席捲全世界，文化產品變爲一種商

---

〔註26〕陳學明著，《文化工業》，頁 19～21。
〔註27〕陳炳志，〈飆車：規範、快感與文化工業的三螺旋〉，頁 17。
〔註28〕陳學明著，《文化工業》，頁 21。
〔註29〕洪嫆絢，〈文化工業下的台灣電影音樂之發展現況與政治經濟分析
　　　　（1960~2005）〉（2005，年台南），頁 11～13。

品出現在人們面前。阿多諾認爲：文化工業的產品不是藝術品。文化完全商品化的結果，是造成消費者人格的片面化，把娛樂消遣化爲主要價值，造成了精神快餐式的消費模式。

## 二、技術化

文化工業的出現是現代科學技術迅速發展的產物，沒有現代科技手段，不可能大規模地複制和傳播文化產品，因此，技術化的結果會支配社會生活的一切。

## 三、標準化

文化生產和文化產品的標準化趨於一，而這種標準化會扼殺了藝術創作和藝術欣賞的能力。同時也扼殺了歷史的眞實性。

## 四、強迫化

當文化產品在對時空獲得更強的占有性時，對接受者產生了更大的強迫性，由於現代大眾文化的典型法是不斷重複、整齊劃一，使閒暇的人不得不接受文化製造者所提供的東西。〔註30〕陳炯志認爲，在文化工業影響下所追尋出的創新、差異，又重新被納入成爲一種新的消費物。在這一整套機制的背後，是獲利原則。不論銷售的手法如何更新，廣告訴求如何的創新或甚至毫不相干，獲利是唯一不變的東西。獲利原則的驅使下，整合了各種傳播工具，以及對於各種細節專精的專家，不斷創造或翻新利基。〔註31〕陳炯志這樣的看法，將「獲利」作爲文化工業的唯一目標，或許文化工業的目的性是如此，但是在現代社會的複雜度之下，卻是未必，政治、社會、經濟上的意圖，都有可能影響著文化工業的目的性。

由於台灣社會長期將「文化」窄化爲「藝文」看待，缺乏對文化創意產業完整的理解，使得許多欲投入文創產業者，無法理解或是活用台灣的文化資產，其實，堅持價值和品味的文化，都有機會以「文化資本」帶動經濟。

「文創產業」（Cultural and Creative Industry）從自然、歷史、生活、藝術，到地方社區的營造，爲從農業、製造業、資訊業之後的第四波經濟動力。所

---

〔註30〕陳學明著，《文化工業》，頁2～33。
〔註31〕陳炯志，〈飆車：規範、快感與文化工業的三螺旋〉，頁17。

謂的「文化」是指人類為了生存和生活所做的一切設計；至於「創意」則是
改變看世界的方式，看到意想不到的聯結式整合的方式，打破舊有的框架與
結構，給事物新的定義，以創意、品質取勝。〔註32〕

　　因此近 20 年來，文創產業成為全球各國爭相追求的發展模式與道路，透
過文創加值影視業、觀光業、製造業等將原有的既存產業予以加值，賦予故
事化、藝術化、創意化，而為原有產業增色或重新賦予新的經濟價值意義；
換言之，從一個有機體來看待「文化創意產業」，不論是「以文化創意為特色
的產業」還是「從文化中尋找創意的產業」，其中「文化」都是重點；當我們
想要有機地看待「文化創意產業」的時候，除了要重視「以文化創意為特色
的產業」，譬如出版、音樂、表演、電影、視覺藝術等等之外，也還要重視並
鼓勵「從文化中尋找創意的產業」，因為這可能包含任何行業，只要這些行業
願意並能夠從文化中尋找創意。〔註33〕

　　由於電影和電視劇均能反映出所處本土地域的思維模式、價值體系以及
生活方式，而這些文化要素與政治、經濟、社會的發展又緊密關聯。全球經
濟的發展，資訊時代早已到來，各種傳播需求、娛樂需求、消費需求快速增
長，影視文化產業也隨之急劇發展和膨脹，雖然政府希望提升本土文化，實
現台灣影視產業的復興，促進台灣文化創意產業的持續發展，則在影視本身
之外，仍須強化文化工業與文化創意產業市場，以提升台灣影視環境。

## 第三節　文化創意產業的發展

　　1980 年，艾文·托佛勒（Alvin Toffler）發表了《第三波（The Third Wave）》。
《第三波》把人類的經濟進程，劃分為第一波的「農業革命」，在此第一波產
業革命，讓人類五千年步入了農業時代，自此擺脫原始的狩獵生活。1840 年，
蒸汽機的發明引爆了工業革命，揭開了「技術導向、機器掛帥」的第二波產
業革命時代，第二波的「工業革命」，自此進入以「標準化」而形成的「大量
生產」、「大量消費」。第三波社會則是以「資訊革命」為前導，從而改變所有
人的工作與生活型態，後工業時代，積體電路的微晶片技術引領了資訊產業

〔註32〕黃瑀潔，〈文化認同對遊客之體驗價值與地方依附影響之研究──以六堆客家文
　　　　化園區為例〉，（2014 年，台中），頁 10。
〔註33〕MBA 智庫百科，網址：http://wiki.mbalib.com/zh-tw/大眾創業萬眾創新，擷取
　　　　日期：2017 年 12 月 21 日。

的興起，也根本的改變了人類生活的意義；第三波的資訊革命，以晶片和電腦為核心，資料運算和存儲能力的提升創造了對電腦系統與工具需求的龐大商機。〔註34〕

隨著人們對於生活上的品質需求增加，不斷的追求休閒活動、娛樂及藝文活動，增加現今人們的文藝氣息，繼農業、工業、資訊硬體及網路革命後，史上第四波的文化創意產業革命，隨著時代的轉變而來臨。

當前產業政策的趨勢，已有許多國家紛紛將產業轉型，移至高毛利率的文化創意產業，在文創領域上，英國是全球第一個重視發展文化創意產業的國家，英國首相湯尼·布萊爾（Tony Blair）內閣，最早在 1997 年提出「創意產業」（Creative Industry），首創籌設了「創意產業籌備小組」，針對文化與創意面進行產業發展政策。英國定義創意產業是「結合創造力、技術和天賦，有潛能利用智慧財產來增加財富和就業的產業」，範圍包括了 13 種產業：建築、工藝品、設計、古董、時尚設計、音樂、表演藝術、視覺藝術、廣告、電影、媒體及電腦遊戲出版、軟體及電視廣播影視。〔註35〕文創產業的發展除了英國外，其次是美國，再來是日本，台灣則緊追在後。文化創意等於全球推動，也相對等於第四波經濟。〔註36〕這種對於文化產業的推動，也可以看出文創產業在後工業化時代的重要性。

由於文化資產的特質有其無限性、差異性、共享性、可變性及豐富性，配合現在社會發展的趨勢，第三波經濟雖然由高科技主導，但第四波經濟卻已經轉趨為以文化創意產業為主體。

台灣文創產業主流的影視業，在 1960～1980 年代過往累積足夠能量，很有機會成為促進經濟發展的力量，若能透過文創產業的創新、創意，在傳統或科技產業上進行加值化、差異化，達到產業文創化目標，就有機會提升附加價值，讓影視產業成為台灣結合文創發展的重要亮點，這也是文化部的重要發展策略。

---

〔註34〕克里斯·安德森（Chris Anderson）著、連育德譯，《自造者時代：啓動人人製造的第三次工業革命》（台北：天下文化，2013 年），頁 33。

〔註35〕蘇安婷，〈英國文創園區經營管理之研究：以珠寶特區與藍外套文創園區為例〉（2013 年，彰化），頁 66。

〔註36〕布林優夫森（Erik Brynjolfsson）、麥克費（Andrew McAfee）著、齊若蘭譯，《第二次機器時代智慧科技如何改變人類的工作、經濟與未來？》（台北：天下文化，2014 年），頁 158。

行政院在 2012 年將文化創意產業被視為「第四波經濟」的推動力量，文化的創造力，可以視為經濟產值的源頭，透過影視產業與文化工業的結合，有機會展現第四波力量－文創產業的價值。

「文化創意產業」是於台灣過去所累積的資產，從歷史文化發展出的經濟、農、工業、科技等各項成果，以「藝術文化」與「科技發明」來進入知識經濟時代，可以用「生活美學」的廣度來詮釋。〔註 37〕

台灣的文創產業政策於行政院在 2002 年的「國家發展重點計畫」的子計畫「發展文化創意產業計畫」確立，並大幅度放寬文創投資範圍，要讓文創成為經濟發展「第四波力量」。例如這幾年來政府積極將廢棄酒廠、車站，改變成文創園區，能夠「善用地方傳統資產進行地方建設，及能活化地方，再現生機」。〔註 38〕

經由這樣的理念與模式，逐步推廣至各項產業及區域，過去台灣投資文創只是將製造業量產概念移植到文創產業，或是以為複製好萊塢經驗就能獲利；現在文化部把重心放在跨域整合，包括形象商圈、商店街、社區營造、文創園區、觀光工廠、伴手禮、設計旅店、民宿等創新概念，進行各項周邊文創產品的研發，都已融合文化與產業的精髓，而且數量、規模也愈來愈多元。此等政策乃旨在把現代的創新，融合歷史元素，讓文創園區添加一股新風貌，成為了現代的流行新趨勢，也帶動在地的產業文化及經濟發展。〔註 39〕

近年來，文化觀光的需求不斷成長，觀光與文化的結合，許多都是來自於影視產值，像是台灣電影《痞子英雄》帶動高雄觀光、《賽德克‧巴萊》促進原住民文創產業發展，而全球也相當重視，各國皆相繼發展文化觀光。〔註 40〕台灣推動影視產業已久，創意是台灣最大優勢，但產業鏈不完整不易打入

〔註 37〕 INSIDE，〈自造者浪潮不是科技革命，而是一場社會運動〉，
https://www.inside.com.tw/2015/10/19/lets-talk-about-what-maker-movement-is，
擷取日期：2017 年 12 月 22 日。

〔註 38〕 王思琦、李長斌、潘宜萍，〈文化創意產業園區之「閒置空間再利用」、「群聚效應」與「周邊觀光影響—臺中文化創意產業園區個案研究〉，《觀光旅遊研究學刊》第 9 期第 1 卷（2014 年，台北：銘傳大學觀光學院出版），頁 29～52。

〔註 39〕 汪志忠、陳美甜，〈文化群聚之關鍵發展因素分析：台中創意文化園區的個案分析〉，《公共事務評論》第 14 期第 1 卷（2013 年，高雄：中華公共事務管理學會），頁 87。

〔註 40〕 柯金存、蔡進發、陳碧秀，〈自我意象一致性、情感性地方依附、旅遊滿意度與未來行為意圖關係之研究〉，《嘉大體育健康休閒期刊》第 14 期第 1 卷（2013 年，嘉義），頁 24～25。

市場，文化部雖有資金引入，像是國發基金與影視業間建立橋樑。但是文創產業產值不能用製造業產值模式去推估，也是台灣面臨的文創困境。〔註41〕台灣投資環境對於文創產業的不友善，也是文創產業發展的瓶頸之一

　　從影視業出發的文化創意產業是以「創意、加值、內容」比高下的產業，由於台灣對於文化建構的不完整，導致文化創意產業理解不全面，從政策、文化消費、都市行銷和創意城市發展面向都無法完整呈現文創產業的全貌，必須要有「文化產業化」與「產業文化化」的思維，才能達成文化傳播的目的性。〔註42〕

## 第四節　小結

　　聯合國的《世界人權宣言》第 19 條中提到：「人人都有提出主張及發表意見的自由。包含使主張不受干涉，以及不受國界限制經由任何媒體尋求、接受及傳播消息及思想的自由。」因此，每個人或團體都有通過媒體，來表達自己意見的權力，但這個權力往往被政府與外資財團所操控。〔註43〕就如同法律規定每個人都有「媒體近用權」，但是真的能夠使用媒體的權力，卻是控制在少數人及企業財團手中，必須要能夠更為開闊。

　　沈樹華認為，影視傳播是一種文化創意、商業經濟兼具的產業形式，其生產過程是一個需要大量人力、資金、時間等多個環節的複雜產業鏈，台灣的獨立製片產能很難與國際大廠相較，政府有提供輔導金，輔導金使得許多原本屬於小眾的影視團體，得以因此而發生崛起〔註44〕，使得台灣影視媒體能在被國內外大型媒體操控之外，能以小眾影視之方式，恢復媒體的批判性與公共性，使影視媒體平台真正成為一個論述的空間。〔註45〕這種從公共領

---

〔註41〕文化部，〈價值產值化—文創產業價值鏈建構與創新〉，網址：http://www.ey.gov.
　　　　tw/Upload/RelFile/27/698429/102000024963 修正計畫 1020424.pdf，擷取日
　　　　期：2017 年 12 月 21 日。
〔註42〕文化部，〈文化創意產業內容及範圍〉，2016 年 10 月 11 日公布，網址：http://www.
　　　　moc.gov.tw/information_311_20450.html，擷取日期：2017 年 12 月 21 日。
〔註43〕阿君・阿帕度（Arjun Appadurai）著、鄭義愷譯，《消失的現代性：全球化的
　　　　文化向度》（台北群學出版，2009 年），頁 113。
〔註44〕賀照緹，〈小眾媒體・運動文化・權力—綠色小組的運動形式及生產條件分析〉
　　　　（1993 年，新北），頁 5。
〔註45〕沈樹華，〈哈伯瑪斯的「公共領域」與「市民社會理論」〉（1998 年，台北），
　　　　頁 48。

域來看待文化產業的觀點，也是促進文化平權的重要觀念。

如同傳播學者許勒（Herbert Schiller）的研究，「傳播帝國主義」
（Communication Imperialism）／「媒介帝國主義」（Media Imperialism）已經
宰制台灣文化建構的環境，就像法蘭克福學派的社會批判一樣，從阿多諾、
馬庫色（Herbert Marcuse）、班雅明到哈伯馬斯（Jürgen Habermas）等，均致
力研究精英文化、大眾文化與社會的關係，像是阿多諾將文化工業視為「社
會水泥」，認為文化是被建構出來的。

阿多諾認為，文化工業、大眾文化給藝術帶來的後果是：「藝術可能已經
進入它的沒落時代，就像黑格爾在 150 年前估計的那樣。」〔註46〕阿多諾一
直認為大眾文化是藝術的危機，時至今日，或許沒有阿多諾所云的嚴重要性，
但是阿多諾所強調的同質性，卻是徹底發生，隨著商業的進展，商業片確實
是在特定時期會有特定產物，如前章所述的反共電影、本土電影，至今也有
如《延禧攻略》、《如懿傳》等宮鬥戲劇的產生，確實實踐了阿多諾所關注的
危機。

阿多諾分析了影視及藝術的兩種危機，即意義的危機和顯現的危機：

> 意義的危機在於藝術作品的意義受到了否定。這從現代西方藝
> 術諸如印象主義、表現主義、立體主義、達達主義、荒誕主義等等
> 上去看，一切關於藝術的意識和傳統理論範疇都和現代藝術格格不
> 入，與現代藝術發生了衝突，並在現代藝術面前失敗了。而如果人
> 們要問現代藝術的真理內容，那麼這種內容是難以找到了，因為藝
> 術的意義已經陷入危機。

阿多諾進而指出，藝術的意義陷入危機，之所以如此，是以歷史喪失意義為
前提的，歷史使人們在生活是否仍有肯定意義的問題前惶惑不安，失去了過
去頓以支撐生活的信念。在這種歷史喪失意義的社會歷史狀況中，現代藝術
的一些藝術作品試著對藝術的意義進行有意義的否定，拒絕表現意義，不過
是按真實情況行事而已。〔註47〕藝術作為文化的重要層面，獨創性的意義消
逝，歷史感的消失，都是影響人們思考問題的重要層面。

阿多諾認為，藝術由於文化工業的出現，喪失了藝術之為藝術的東西，
成了「反藝術」。作為「反藝術」，首先是社會階級對立的產物，是採取「藝

---

〔註46〕阿多諾著，《美學理論》，引自陳學明著，《文化工業》，頁 91。
〔註47〕陳學明著，《文化工業》，頁 91～92。

術形式的辯證法」。他說，透過這種藝術形式，「藝術家們借助語言方面的矛盾所達成的形象的綜合，而起著他們的社會角色作用」。在文化工業的條件下，藝術並不能做到它所要做的事情，並不能實現它想要達到的理想。藝術所能做到的只是否決或否定它在其中構成一部分的那個異化了的社會。為什麼藝術達不到它所追求的那個非異化的理想，而只能做到「否定」那個異化了的社會呢？因為群眾作為異化社會的組成部分，其本身就是完完全全被操縱了的。﹝註48﹞就像是文化工業在商業環境下的操弄，也確實成為過度的大眾化，導至社會易於被主導。

所以，影視傳播以及大眾文化是可以被操縱的，而操縱的原因從商業、政治等因素不等，台灣政府近年來積極發展推廣文化創意產業並培養相關人才，發展政策計畫。﹝註49﹞借鏡許多國外成功案例，設置文化產業園區以群聚方式發展，配合相關單位及地方政府，透過活化及改建閒置空間、懷舊老屋或廢棄倉庫，﹝註50﹞建構以「懷舊情感」、「體驗文藝價值」、「地方依附」等概念、結合地方特色及文化發展文化創意園區。﹝註51﹞這樣的文化創意園區，有時的附加價值並不大，讓台灣在發展文創園區時，過度強調硬體建設，而少了文創園區內的文化性，反而是弄巧成拙，讓文創產業未能夠好好發展。

從前三波革命來看，每當新一波經濟登場時，並不會取代前一波的經濟，反為前一波經濟帶來新的發展機會。工業革命出現，農業可以得到新的面貌；資訊科技登場，工業和農業都因而改頭換面；開始重視「文化」資本，同樣可以為包括資訊科技在內的前三波經濟帶來不同的想像與發展，如同結合科技與文化的發展，讓文化能夠更為社會所接受。

學者陳貴凰研究，「快樂，是讓文化創意產業設計成功的重要內涵因素，是文化創意產業發展的目標，經由設計策略可以達到撫慰人們心靈和提供快樂滿足的目的。」﹝註52﹞在文化創意經濟的趨勢下，文化創意產業已成為世

---

﹝註48﹞陳學明著，《文化工業》，頁93。

﹝註49﹞梁慈航，〈觀光客之懷舊情感、體驗價值與地方依附關係之研究〉（2011年，嘉義），頁75。

﹝註50﹞蔡明達、許立群，〈以懷舊觀點應用於地方文化產業行銷之探索性研究—以臺灣地方老街為例〉，《運動與遊憩研究》第3期第3卷（台北：師大書苑，2009年），頁47～49。

﹝註51﹞柯金存等，〈自我意象一致性、情感性地方依附、旅遊滿意度與未來行為意圖關係之研究〉，頁24～33。

﹝註52﹞陳貴凰，〈辦桌節慶活動觀光客體驗價值、幸福感與行為意圖之研究〉，《人文

界先進國家的政策發展趨勢。

目前台灣將文創作為旅遊推廣的架構與內涵，較少以影視文創為主體，然則發展程度仍待努力，以文創園區來看，即便密度極高，擁有近 30 個文創園區，然而販售商品同質化、或過分商業化等問題，未能體現真正文化工業的內涵。

從影視發展研究層面分析，台灣影視產業嘗試轉變，捨棄自 1980 年代以來所建立的精英文化傳統，注重回歸日常生活、融入草根文化，在敘事的親民性和商業化的包裝方面齊頭並進，將世俗化、大眾化的美學風格完全發揮出來。

此外，在本土化過程中文化包容逐漸擴大，閩南語、客家話、日語、中國話、英語等多種語言混雜，多元共存，兼容並包，對於文化創意的提升，是有很大幫助。

社會科學研究》第 6 期第 4 卷，(2012 年，屏東：國立屏東科技大學人文暨社會科學院出版)，頁 1～4。

# 第三章　台灣電影與傳播環境變遷

## 第一節　政治、社會與電影的開端

　　台灣的電影發展，從日治時期至今已久，拍攝電影的主題，與政治、社會氛圍有極大相關。第一部在台灣拍攝的電影，應是 1907 年二月左翼運動者高松豐次郎（Takamatsu Toyojiro），率領日本攝影師等一行人，在全台灣北、中、南一百多處地點取鏡的《台灣實況紹介》，內容涵蓋城市建設、電力、農業、工業、礦業、鐵路、教育、風景、民俗、征討原住民等題材。那時電影剛發明不久，當時日本國內的電影巡映隊數人即可成軍，帶著影片與放映器材，放映時有人負責放映、有人負責供電、有人負責解說影片內容。

　　細究拍攝《台灣實況紹介》的歷史緣由，仍是與政治及帝國主義難脫關係。因為自日本治台以來，各地的武裝抗爭及山林游擊戰，此起彼落未曾停歇，前三任台灣總督府長官樺山資紀、桂太郎、乃木希典，皆以武力鎮壓方式治台，自第四任台灣總督兒玉源太郎時期的民政長官後藤新平，開始對治理台灣採用懷柔政策，內閣總理大臣伊藤博文與後藤新平因此力邀高松豐次郎來台，試圖透過電影的放映及這位優秀默片辯士的解說，宣揚現代化價值觀，協助殖民地進行懷柔教化；高松也曾負責率領阿里山達邦社等人赴日參觀，因為是漢化與日化的楷模，還被天皇接見。〔註1〕也可以見出，日本政府主導台灣文化的想法，讓台灣主體性更加減少。

　　高松是後藤的明治大學校友，他於 1903 年受當時受後藤新平的邀請委

---

〔註1〕田中彰著、何源湖譯，《明治維新》（台北：玉山社，2012 年），頁58。

託，開拍台灣風土民情的紀錄影片，要是要透過電影對台灣人進行政令宣導工作。高松早期因工殤失去一條手臂，從此積極參與左翼勞工運動，強調資本家與工人、日本人與台灣人一視同仁的左派思想。他與日本共產黨創始人片山潛（1859～1933）、高野房太郎（1869～1904）、安部磯雄（1865～1949）合作，擔任「勞動組合期成會」宣傳工作，明治33年（1900年）明治政府頒布對資本家有利的《治安警察法》，高松為了另謀出路，改用電影來推廣勞工運動，當時的電影放映並不在治警法的規範範圍內，如此一來既可作為勞動者的啟蒙手段，也可以藉以改良說書場，由於當時的影片黑白且無聲，內容由數十支長短不一的影片構成，方法是利用放映前，電影放映藉助燃燒乙炔發電，電力中斷後需要差不多40分鐘的時間才能恢復，在影片放映之際電力銜接的空檔，而他則趁40分鐘空檔來對群眾演說；同時，他拜師學習單口相聲，取藝名為「吞氣樓三味」，購買電影放映機做宣傳演出，擔任辯士隨片解說，有趣而滑稽地向職工們演講，足跡遍佈日本全國。

高松前半生演藝學習與優秀的隨片解說技巧，充分地將其特有幽默感與藝術滿感，展現於電影之中，其系列電影內容包括《台灣風俗真奇妙》、《生番被鐵絲網絆住》、《防番隘勇線前進困難》、《討伐生番》、《台灣風俗抓龍王》等，紀錄了日人眼中的縱貫鐵路、採茶民情，滿懷殖民母國式的邊境觀測。〔註2〕

1903年，高松豐次郎受「愛國婦人會台灣支部」所聘，首次在「淡水館」放映《活動寫真》，並組織「台灣同仁社」。1908年至1909年，高松豐次郎在新竹、台中、嘉義、台南、高雄、屏東、基隆、台北當時人口較為集中的城鎮等地之外，更廣設八家戲院，盛況時，高松的同仁社，有三團同時在台灣各地巡迴放映；另外像是員林、芬園，乃至恆春廳下的楓港、車城、蚊蟀（現在滿州）的原住民部落，都是其高松電影足跡所及之處。由此可知，高松放映電影的對象並非僅以重點城鎮的住民為主，而是涵蓋偏遠鄉間的本島人以及山區部落的原住民在內。

1909年，高松組成「台灣正劇練習所」，在台北招募流氓與失業者來演出新劇，所演劇目有《廖添丁》、《1917周成過台灣事》、《簡大獅》等等，將民間傳說編寫入戲，首度將台灣本地語言、時事與風土民情帶入戲劇領域，為台灣最早的現代劇團。在此後在1903～1912的十餘年間，高松豐治郎在台灣

〔註2〕 石婉舜，〈搬演「臺灣」：日治時期臺灣的劇場、現代化與主體型構（1895～1945）〉（2010年1月，台北），頁33～51。

投入電影產業，是台灣電影草創時期，成爲對台灣電影業推動有極大貢獻的人。至 1915 年高松將台灣的資產轉讓給朋友，回到東京爲止，高松在台灣的事業，遍及電影映演及解說、影片拍攝、發行、戲院規劃經營、戲劇人才培育等。

這系列電影被日人視爲將電影應用在「教育」方面極重要的代表，殖民政府透過編列預算，舉行各鄉鎮的巡迴放映，雖然是作爲台灣總督府政治宣傳的工具，但影片在全台各地放映，對於旅遊不便的世紀初台灣，還是具有相當的社會教育意義。

此後在台灣的 10 年間，高松每年從日本帶來自製的社會諷刺電影，以及從歐美、日本購買的最新影片，諸如 1906 年，從日本帶來放映《英國皇室訪日》、《法國巴黎人物》、《兒玉大將寫照》、《風景》；1907 年，高松豐次郎帶來自己製作的社會諷刺電影《現實社會的踩球》、《棗紅色的木魚》、《當代紳士的眞面目》、《自負的失敗》、《人心的表裡》、《舊思想的教育》、《時髦的行列》、《人間的洗濯》、《女傭的二十四小時》、《公德的哭訴》、《嗜酒者的一生》、《女學生的末路》、《樺太的逃獄》等，均在台灣各地巡迴放映，奠定台灣最早的電影放映與發行制度，當時的台灣幾乎與歐洲同步地接觸到新發明的電影。西方的帝國主義有成熟的資本市場作爲後盾，但當時的日本，還未有發達的獨佔資本主義，日本殖民政府的電影政策，亦復如是。

這些系列電影後來也在日本的台灣博覽會，及一些大都市的電影院放映，並有阿里山鄒族的原住民隨片登台，許多日本人都是從這部片中，才第一次見識到台灣的眞面貌。高松豐治郎自從來台灣巡迴映演後，發現台灣電影業前景看好，便與西門町「榮座」的老闆合作，將原本上演日本傳統戲劇歌舞伎的「浪花座」改爲「朝日座」（今北門），這棟兩層樓的木造建築可容納 200 人，除放映設備外，另增設舞台機軸，可旋轉自如，製造各種眞景，是台灣第一座長期固定放映電影的戲院。「朝日座」是在 1907 年新春開幕，生意相當不錯。之後，從 1908 年開始，高松豐治郎便陸續在基隆、新竹、台中、嘉義、台南、高雄、屏東等大都市建造戲院，連同台北與基隆，形成全台的放映網絡，統化的在台灣經營起電影的巡迴放映事業，建立他的電影王國，台灣的電影業至此才有了較爲基本的發行制度。〔註 3〕

---

〔註 3〕石婉舜，〈殖民地版新派劇的創成—「臺灣正劇」的美學與政治〉，《戲劇學刊》第 12 期（2010 年 7 月，台北：國立臺北藝術大學戲劇學院），頁 35～71。

## 壹、日治時期電影發展　帝國治理雙面性

　　高松具有典型的帝國治理雙面性：一方面培訓在地戲劇人才，肯認在地文化，另一方面也透過影像的奇觀，宣示帝國的現代性、進步與正當性，為帝國進行宣撫，建立制度。並且高松豐次郎與臺灣總督府關係密切，素有「官報」之稱的《臺灣日日新報》對高松豐次郎的活動報導不遺餘力，而高松自抒懷抱的重要文獻〈娛樂供給に関する予の抱負〉（1909）亦發表於此。電影初傳入台灣，即至少透過三個面向，被帝國作為現代化殖民的教化平台：〔註4〕

　　一、借用影像放映之奇觀，展示殖民帝國的先進與現代性，宣撫台灣傳統士紳階層，恩威並施。

　　二、收編高松豐次郎等日本國內異議者，借其影像能量，開拓殖民地的影像製作與傳輸平台，達一石兩鳥之效。

　　三、以影像紀錄、見證殖民地的現代化治理成績，作為台灣總督府向國會遊說殖民地經費的有力依據，例如除了以電影教化台灣人對日本的效忠意識外，亦反向地拍攝進步的台灣給日本人看，證明後藤與後繼者的政績——兒玉源太郎長時間不在台灣，身為民政長官的後藤將自己的生物學原理充分在台實踐，如台灣實況之紹介、討蕃等紀錄片。

　　早在 1920 年代後，於日據時代末期，殖民地的知識青年亦不甘於單向吸收日方傳輸而來的文化。高松傳入的巡迴放映、辯士說明劇情模式，後來為 1920 年代的文化協會及美台團廣為運用。透過電影與戲劇的巡演，以彼之道，還治彼身，將影像此一帝國教化的載具，拿來作為反抗帝國主義的平台。尤其透過辯士此一角色，一邊翻譯、解說劇情，一邊將電影文本重新詮釋，轉化為批判權力者、宣揚民族主義、鼓吹反抗意識的利器。〔註5〕

　　辯士善於將電影文本重新詮釋、創作，將帝國殖民的懷柔教化工具，徹底轉化為批判權力者、宣揚民族主義、鼓吹抗爭的載體。台灣文化協會、台灣民眾黨等舉辦巡迴映演活動，深入鄉野村鎮，透過影片放映與詮釋展開的，是一個各種價值觀與權力高度競逐的場域。帝國教育機構與社會運動者，在這場競逐裡，無不意圖掌握影像的放映通道與詮釋權，將其欲推崇的價值觀，從都市到鄉村，流佈到台灣各個角落的影片放映，擴散到各地。本地知識菁英與日本殖民者雖然透過戲劇與電影放映，激烈競爭著教化權與詮釋權，但

〔註4〕黃仁，《電影與政治宣傳》（台北：萬象圖書，1994年），頁176。
〔註5〕黃仁，《電影與政治宣傳》，頁177。

對現代化、進步性的追求，仍具有基本共識。可以說「現代化」是國家、傳統仕紳、文化菁英與社會運動者之間，各方勢力的最大公約數。〔註6〕

## 貳、國民政府政令宣導　影響台灣電影工業

　　1945 年，台灣光復後，隨著第一批接收人員來台，拍攝「中國戰區台灣省受降典禮」過程的新聞影片攝製工作，並負責接收日人留下的電影器材、設備和廠房，合併日治時期的「台灣映畫協會」和「台灣報導寫眞協會」爲「台灣電影攝製廠」，並擔任廠長，這是台灣第一座設備完善的電影製片廠，專門拍攝新聞影片並且配合政府宣導政令。〔註7〕

　　1950 年代，配合政治策略的需求陸續架構「三大公營片廠」，即台灣省電影製片廠、中國電影製片廠、農業教育電影公司。再透過相關法律的限制，以廣電審查制度對文化擊人民意識型態進行箝制。此時，台灣電影幾乎配合「反共抗俄」的政治路線，使電影完全成爲政治宣傳工具，創作內容貧乏。但是，台灣民眾在「國共對峙」與「美蘇冷戰」的特殊情況之下，蟄伏在民間的新劇與歌仔戲，依然不絕如縷，蘊生了第二波本地電影創作的種子，故而造就成台語電影的興起。〔註8〕

## 參、解嚴前電影發展　扮演社會與文化傳播角色

　　風靡的歌仔戲造成了台語電影時代，像是導演、製片白克 1956 年完成台語片《黃帝子孫》深受歡迎，自此聲名大噪，卻也受到政治排擠鬥爭，於是離開「台灣電影攝製廠」。〔註9〕之後台語電影的興起，代表本地創作者開始發展影像創作，民間企業間亦有活絡的合資拍攝計畫，本地電影市場逐漸打開。但廣大的庶民百姓觀眾，仍熱愛傳統戲曲勝於電影與新劇，尤其是台灣本土所創之歌仔戲形式。〔註10〕以白克爲例，不僅是台語片第一代導演，更

〔註6〕陳芳明，《後殖民台灣－文學史及其周邊》（台北：麥田出版社，2002 年），頁 107。

〔註7〕李筱峰，《台灣史 100 件大事（下）戰後篇》（台北：玉山社，1999 年），頁 114。

〔註8〕李道明，〈臺灣電影史第一章：1900～1915〉，《臺灣紀錄片研究書目與文獻選集（上）》（台北：電影資料館，2000 年），頁 5～20。

〔註9〕財團法人國家電影中心數位典藏資料庫，影人目錄—白克，網址：http://www.ctfa.org.tw/filmmaker/content.php?id=589，擷取日期：2018 年 3 月 1 日。

〔註10〕謝世宗，《電影與視覺文化：閱讀台灣經典電影》，（台北：五南圖書，2015 年），頁 18 以下。

是台灣第一代影評人，曾經應聘國立台灣藝術專科學校，為編導科、影劇科兼任教授，對於理論造詣甚高，常有影評發表於各大報章影劇版。自 1956 到 1961 年，白克 6 年之間參與 11 部電影製作，1957 年所拍的《瘋女十八年》則是他的成名之作，也是第一部取材於社會新聞的台語片；1958 年替信達公司編導的《生死戀》改編自法國名著「茶花女」，1959 年則與林摶秋合導《後台》，描寫歌仔戲演員的辛酸。〔註11〕

　　歌仔戲演出時，演員眼波流動、舉手投足之間，與觀眾產生的情慾流動能量，讓前述帝國殖民者與本地文化菁英所聯合主導的現代性規訓，感到深深忌憚。然歌仔戲中亦蘊含著反封建的因子。除了少數專為電影放映而設置的都會區戲院之外，在早期戲院裡，電影跟台灣民間傳統戲曲、新劇，及來自日本的歌舞、說唱藝術是混雜共生的。戲院包容、蘊生各種駁雜創作能量，正如同生氣勃勃的沃土，為戰後的本地電影創作，埋下不少種子。〔註12〕

## 第二節　台灣新浪潮電影的興起

　　隨著台灣海峽情勢略趨穩定，整體社會氣氛比以往也略為輕鬆，加上美國駐軍支援，台灣開始穩定發展，當時電影市場出現不少武俠功夫片佳作、寫實電影，知名電影《蚵女》《龍門客棧》《精武門》皆在此時叫好又叫座。1970 年代，在當時擔任行政院院長的蔣經國之主導下，台灣逐步進行十大建設，加速經濟發展，進入愛國政宣電影時期。此後，台灣社會開始從農業社會轉形為工業社會，大多數台灣民眾的經濟變得寬裕，電影開始發展回應社會需求的愛國電影、愛情電影、武俠電影、功夫電影及喜劇電影之主流作品，成為民眾的娛樂之一，同時也出現了兒童電影、學生電影，拍出了許多清新的小品電影，甚至在國外奪獎。但之後，這些作品由於一成不變，創作內容墨守成規，所以逐漸被觀眾排斥，加上台灣市場陸續輸入美國電影和香港電影的放映，更令台灣電影雪上加霜，幾乎全面跌入谷底。〔註13〕

　　1980 年，行政院新聞局開始從事提高台灣電影藝術性與國際性的工作，指定中央電影公司以電影改革為出發點，進行一連串人事變更：聘請小野為

---

〔註11〕李道明，〈臺灣電影史第一章：1900～1915〉，頁 48。
〔註12〕黃仁，《悲情台語片》（台北：萬象圖書，1994 年），頁 70。
〔註13〕伊恩‧布魯瑪（Ian Buruma）、阿維賽‧馬格利特（Avishai Margalit），林錚顗譯，《西方主義：敵人眼中的西方》（台北：五南圖書，2010 年），頁 105。

中央電影公司制片企劃部副經理兼企劃組長，聘任新生代編劇吳念真擔任創作。從此，台灣電影擺脫過往的創作風格，劇情取材更為貼近真實的社會現況，開始選用非明星級演員或非職業演員，采取自然寫實的拍攝方式，建立新的電影形式及電影語言。〔註14〕

## 壹、新浪潮電影特色　寫真反映生活

台灣新浪潮電影也稱為「台灣新電影運動」或「台灣新電影」，為 1980 年代至 1990 年代左右，由台灣新生代電影工作者及電影導演所發起之電影改革運動。電影主要呈現寫實風格，其題材貼近現實社會，回顧民眾的真實生活，由於形式新穎、風格獨特，促成了台灣電影的新風貌。〔註15〕

1982 年，中央電影公司邀請楊德昌、柯一正和張毅等三位新生代導演參與，再經由明驥及小野的努力之下，共同合作拍攝小成本電影，執導四段式集錦電影《光陰的故事》，片開啟了解析社會真實現像，並關懷大眾現實生活和共同記憶，因而普遍被認為是台灣新浪潮電影的首部作品，影片的自然寫實風格與文學表現特質，象徵了新電影與舊電影之間的差別。隨後，陳坤厚、侯孝賢、萬仁和王童等新生代電影導演，則開始根據運動所引起的共鳴，陸續製作合乎新電影期望的作品，引發起寫實電影的潮流。〔註16〕

台灣新浪潮電影特色主要有幾項，首先其題材一般貼近真實社會現象，大量採用本土的台灣文學創作，提供有別於中國文化的記憶，傳達對於本土生活環境的自省，凝聚起台灣民眾整體向心力。而且故事內容則往往重視成長經歷和個人回憶居多，摒棄過往特意政令宣導或富教育意義的「隱惡揚善」的作風，克制地剖析著每個時代所經歷的陣痛，宛如成為台灣歷史發展的代言人。

另外，打破電影明星制度，選用非明星級演員或非職業演員，採取自然寫實的拍攝。

## 貳、國片的沒落與再復興

1992 年時為了加入 WTO，國外電影強勢進入，國片漸處不利，年產量僅

---

〔註14〕盧非易，《台灣電影：政治、經濟、美學（1949～1994）》，頁 121。
〔註15〕葉龍彥，《八十年代台灣電影史》（新竹：新竹市立影像博物館，2003 年），頁 12。
〔註16〕李天鐸，《台灣電影、社會與歷史》（台北：亞太圖書出版社，1997 年），頁 99。

剩 15 至 20 部，市占率僅有 1~2%，2000 年加入 WTO，國片更趨慘淡，2003
年，僅 15 部國片，市占率不到 1%，台灣電影幾乎被政府棄置，市場全被外
來電影主宰，但至 2008 年，電影《海角七號》熱賣，使得國片熱潮爆發，透
過媒體反覆報導，台灣觀眾開始重拾信心，接續此風潮，《艋舺》、《雞排英雄》、
《那些年，我們一起追的女孩》、《賽德克‧巴萊》持續賣座，台灣電影終於
有復甦之勢。

　　《雞排英雄》充分融合了本土文化，表達了台人市井小民對鄉土的熱情，
《那些年，我們一起追的女孩》之中，青少年對義氣的重視和愛情的憧憬，《賽
德克‧巴萊》展現了原住民文化，以及其在面對日本 30 年壓迫下而激起的原
住民精神，《海角七號》裡頭的國罵與台語，大大拉近了與觀眾的距離，《艋
舺》以幫派為故事背景，將現今青少年之義氣展現無疑。

　　國片再度興起，並且也越來越能在國內外影展大放異彩，讓許多電影工
作者及期待國片的觀眾，繼十年低迷期後又燃起對國片的信心，而國內電影
產業也開始受到政府重視，在面對外來電影的強勢威脅，可發現國片也逐漸
轉型，開始出現需較高成本的商業電影，而此時政府幫助是相當重要的，對
電影的輔導措施，若能針對需求，逐步改善國片起飛面臨的困難，增加資金、
培育人才、行銷國內外、促進電影產業的成長，將能使我國電影產業原停止
不前的局面，重新開始、再創巔峰。〔註 17〕

## 第三節　從戒嚴到解嚴的政治與傳播氛圍

　　探討國片的發展，與政治環境密不可分，傳播做為強化集體記憶的重要
環節，更是政府掌控的重要標的。自 1949 年國民政府撤退來臺後，為了讓來
自中國大陸的移民能夠與本土住民相結合，並加強其統治的「正當性」，〔註
18〕對於傳播控管更趨嚴格，除了電影本身是傳播的一環，幫助傳播電影的雜
誌、報紙、電視都有相當多的管制，這些管制也影響了電影傳播的限制。從
1949 年至 1987 年解嚴，政治、經濟、國際及媒體的控管，都影響了傳播的氛
圍，可以從歷史演進的脈絡論析出傳播環境的演變。

　　本省人與外省人鬥爭產生的「二二八事件」，讓社會處於肅殺之氣中。誠

---

〔註 17〕劉立行，《國家電影制度：政治、經濟、文化、產業之理論與實務》，頁 67。
〔註 18〕王振寰，〈臺灣的政治轉型與反對運動〉，《臺灣社會研究季刊，1989》，頁 78～80。

如「歡迎國府籌備會」總幹事葉榮鐘所說的：「祖國只是觀念的產物，而沒有經驗的實感。」〔註 19〕臺灣人民對於國民政府的不瞭解，只是在想像中，尋找對於同文同種的統一憧憬，因而在見到國軍的殘破與接收的貪腐後，難免抒發出不平之鳴；但對臺灣人民而言，自「二二八事件」之後，對於祖國逐漸產生疏離情懷。

　　當時電影多以愛國片為主，若以德國學者「同一性質理論」析論，〔註 20〕國民政府自認中華民國以臺、澎、金、馬為全中國的核心，涵蓋臺灣與大陸地區；但其治下的人民並未全部贊同。學者多以威權主義（authoritarianism）來說明臺灣戰後國民黨在臺灣的政權型態，〔註 21〕而威權主義所表現出的國家與社會的關係，是強調國家機關對社會的控制與支配。這種控制與支配關係，「表現在政治上是對人民基本人權與參政權的限制，在經濟上是對經濟活動及市場行為的管制與操縱，在社會上是對人民團體與社會運動的動員與壓制，在文化上則是意識形態與傳播媒體的操控。」〔註 22〕

　　早在 1948 年 5 月 9 日，臺灣就宣佈戒嚴令，凍結憲法所賦予人民的言論、出版、講學、集會、結社等自由。在 1949 年建立的「政治行動委員會」，成為肅清臺共的機構，被賦予很大權力去執行情報及安全任務。1950 年，蔣經

〔註 19〕葉榮鐘著、李南衡編，《臺灣人物群像》（臺北：帕米爾書店，1985 年 8 月），頁 289。

〔註 20〕德國學者將「同一性質理論」（Identiatstheorie）詮釋為：作為國際法主體的整個德國並未消滅，其國際地位僅能由東西兩德之一取代，亦即東西德兩者之中，僅能有一者與德國是「同一」。而聯合國在 1971 年以前即持此理論處理中華民國在聯合國的會籍問題。

Dieter Blumenwitz，*Die Grundlagen eines Friedensvertrages mir Deutschland*（Berlin：Berlin，1966），P.89。

〔註 21〕朱雲漢，〈寡占經濟與威權體制〉，收錄於蕭新煌編著，《壟斷與剝削：威權主義的政治經濟分析》（臺北：臺灣研究基金會，1989 年 7 月）。

郭正亮，〈國民黨政權在臺灣的轉化（1945～1988）〉（1988 年 6 月，臺北）。

若林正丈、松永正義著，廖兆陽譯，《中日會診臺灣：轉型期的政治》（臺北：故鄉，1988 年）。

林佳龍，〈威權侍從政體下的臺灣反對運動—民進黨社會基礎的政治解釋〉，《臺灣社會研究季刊》，第 2 卷第 1 期（1998 年春季號），頁 117～144。

徐振國，〈我國威權政體的發展及經濟制度的演變：其互動關係初探〉，《政治學報》，第 16 期（1983 年 12 月），頁 21～47。

〔註 22〕蕭政全，〈國民主義：臺灣地區威權體制的政經轉型〉，《中國的民主前途：臺灣地區政治民主化的回顧與展望學術研討會論文集》（臺北：財團法人民主文教基金會，1993 年 3 月），頁 74。

國擔任國防部總政治作戰部主任，透過政工系統，逐漸掌握對軍方的控制權。其後，即以蔣經國領導的國防部政戰系統的政工人員爲核心，各級黨工幹部由政工人員調兼。爲統合情治系統，在 1950 年代中期，成立「國家安全局」，統攝各情報機構，如：警備總部、調查局、情報局等，直接向總統負責，其中重要的任務就是對傳媒的控管。

　　這樣的方法，爲使國家內部達成有效的權威統治，快速控制政府、軍事、社會等結構，情治系統的設立與整合是不可或缺的手段。

## 壹、情治系統與傳播環境發展〔註23〕

　　臺灣龐大的軍警情治機關系統的移入及鞏固發展，約略可分爲以下幾個階段：

　　　　一、陳誠主政階段：臺灣省警備總司令部，及軍統（國防部保密局，後改組爲國防部情報局、）中統（中國國民黨調查統計局，後改組爲內政部調查局）大舉隨國民政府入臺。

　　　　二、黨改造階段：此一階段的核心先是設於總統府內的政治行動委員會，包含各部門領導人，諸如：內政部警察總署、國防部保密局、內政部調查局、憲兵司令部、臺灣省保安司令部。其次則由時任臺灣省保安司令部司令的彭孟緝負責「臺灣情報工作委員會」，協調各部門工作。兩組織均逐步將大權交由蔣經國統籌。〔註24〕

　　　　三、威權體制鞏固階段：司法行政部調查局（1956 年 4 月改隸）、國防部情報局、國防部政治作戰部憲兵司令部、臺灣警備總司令部、臺灣省警務處。〔註25〕

從表 3-1 可以看出，雖然情治機構至 1954 年國家安全局成立後，大致爲兼任國防部總政治部主任及救國團主任的副局長蔣經國所統合，但未必表示各機關間分工明確。相反的，在強人政治操控需求下，名義上的分工其實經常遭到刻意忽略。〔註26〕

---

〔註23〕參見沈超群，〈柏楊與柏楊案—從新聞評議到白色恐怖的探討〉（台北：東吳大學歷史研究所碩士論文，2007 年），頁 24～34。
〔註24〕黃嘉樹，《國民黨在臺灣：1944—1988》（臺北：大泰，1994 年），頁 218～221。
〔註25〕史明，《臺灣人民四百年史》（臺北：草根文化，1998 年 4 月），頁 866～890。
〔註26〕薛化元、陳翠蓮、吳鯤魯、李福鐘、楊秀菁等著，《戰後臺灣人權史》（臺北：國家人權紀念館籌備處，2003 年 12 月），頁 120。

表 3-1　1953 年各情報治安機關隸屬及工作關係表〔註 27〕

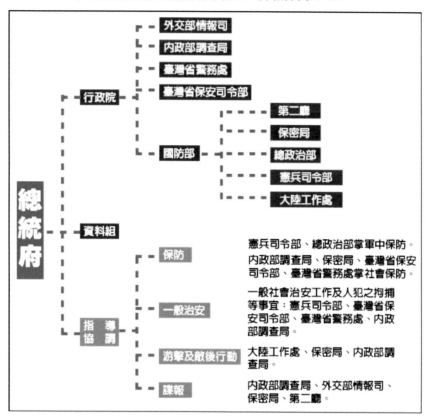

美國政治學者杭廷頓（Samuel P. Huntington）肯定了強勢政黨對政權初立及由亂而治國家的貢獻，他認為「在一個革命初成，建國方殷的新興國家，特別是在外患頻仍、內憂嚴重的國家內，倘若人民所支持的強勢政黨主政，對於安定及經濟發展是有貢獻的。」〔註 28〕或許當時的情勢只有鞏固的領導中心，即威權體制與綿密的情治網，才能即時恢復大動盪後的局勢，因此控制傳媒的手段，成為必要之惡，讓當時的威權體制主導著媒體、文化的發展。

隨著台灣舉辦地方自治選舉，開啟本省菁英參政的管道，表現出網羅本土勢力的意向，擴大政權的正當性。政治學者胡佛亦指出，這些政治關懷建構出一種「維持性的政治參與」，〔註 29〕也就是對整個政治體系下統治正當性

〔註 27〕案名：《蔣中正總統檔案》軍事類第 013 卷，典藏處：臺北國史館。
〔註 28〕Samuel P. Huntington，*Political Order in Changing Societies*，New Haven：Yale University press，1968，P.423。
〔註 29〕陳明通，〈威權政體下臺灣地方政治菁英的流動（1945—1986）：省參議員及

的肯定，並且願意讓這個政治體系運作下去，也就必須要能夠接受更多的本
土文化，利用本土文化的推廣，讓台灣人能夠接受。

美國哈佛大學教授費正清（John King Fairbank）指出，隨著時間進展，
臺灣人對於「佔領」臺灣的 200 萬「大陸人」的仇恨，慢慢的逐漸消褪。臺
灣人也終於成為國民黨與軍隊裡的大多數。﹝註 30﹞這樣的歷史，也讓台灣擁
有特殊的族群基因，對於文化的認同感破碎，早期很難獲得共識的文化推動，
逐漸走向必須以本土作為文化的主體性發展。

## 貳、經濟發展與影響

擁有經濟的權力可以導致擁有軍事的或宣傳的權力，﹝註 31﹞因而可見政
經是密不可分的環節。在經濟上，由於大陸國共內戰的影響，臺灣的經濟面
臨崩潰危機，以數據為例：1946 年臺灣總生產水準，只及 1937 年的一半，尤
其是工業部門更因戰火而瓦解。人口結構則因大陸軍民的大量遷入，造成嚴
重失衡，據統計，1945 年臺灣人口不及 600 萬，到 1951 年，增加到 8 百萬，
暴增 3 分之 1 的人口數，對經濟造成嚴重壓力。通貨膨脹在 1949 年達到 300、
400%，足以顯示經濟受政治影響，呈現無法控制的局面。﹝註 32﹞

1949 到 1953 年的國民黨推行的強迫性土地改革，對政治與經濟都有重大
的影響。政治上因為消除地主的權力基礎，無形中減少潛在反對勢力的來源，
而農民成為政策獲利者，佃農階級轉為資產階級的獨立自耕農，對國民黨的
支持力提高。這個變化給當時臺灣的中共地下黨帶來一定的打擊，中共作為
當時臺灣的地下黨，最大的支持來自貧困的佃農，黨共對中下貧農的分化能
力因此削弱，不利於其發展。﹝註 33﹞經濟上使臺灣經濟分配趨於平均，減緩
社會不平等所導致的政治壓力，也讓更多中產階級產生，有餘力及時間能夠
投入關懷文化的層面，並且對於文化進行消費，例如看電影、聽音樂等。

---

省議員流動的分析〉（1980 年 12 月，臺北），頁 118。
﹝註 30﹞費正清（John King Fairbank）著，薛絢譯，《費正清論中國：中國新史》（臺
北：正中書局，1994 年 7 月），頁 391。
﹝註 31﹞羅素（Bertrand Russell）著，靳建國譯，《權力論》（Power）（臺北：遠流，
1992 年 11 月），頁 114。
﹝註 32﹞彭懷恩，《臺灣政治變遷四十年》（臺北：自立晚報社文化出版部，1987 年 10
月），頁 70。
﹝註 33﹞陳映真，〈我的寫作與臺灣社會嬗變〉，《INK 印刻文學生活誌》，第 12 期（2004
年 12 月），頁 30。

　　農業發展爲工業化提供了勞力、資金、外匯，並穩定了戰後初期的通貨膨脹，也爲工業部門的發展提供穩定基礎與對產品提供市場，形成良性循環。

　　美援在這段時期也提供穩定的力量。在政治上，由於美援的支持，帶給臺灣政府、人民安定與信賴感，在經濟上，美援也彌補臺灣預算赤字，並幫助經濟建設。據統計，1949 年到 1967 年，美國提供中華民國 24 億美元的軍事援助，1951 年到 1962 年，美國也提供了 13 億美元的經濟援助；同時間臺灣總財政赤字是 11 億美元，換言之，美援彌補了臺灣這 12 年的財政赤字。〔註34〕

　　1960 年代的臺灣經濟發展是締造了開發中國家經濟成長之「奇蹟」，其特色是高速的全面性經濟成長，再配合穩定的物價水準。以具體的數字來看，在 1960 年代，每人所得成長率爲 5.8%，儲蓄率躍昇爲 26%，工業部門的年成率爲 20%，工業產品佔總出口的比重增加到 83%。統計數字的顯示，臺灣在 60 年代末已走入工業化國家的行列。〔註35〕

　　這段期間臺灣是循著新興工業化經濟發展的模式持續發展。包括所謂亞洲四小龍，朴正熙的南韓、蔣中正的臺灣、英國統治下的香港以及李光耀統治下的新加坡，都是在高度威權主義下取得快速的經濟發展，所以日本學界稱之爲「獨裁體制下的經濟發展」。這種資本主義化的模式從世界資本主義發展史的觀點來說，有學者稱爲「第四波發展」。〔註36〕

　　「第四波發展」也就是亞洲資本主義，就是新興工業化經濟體（Newly-Industrialized Economies，NIEs）形式的資本主義化。其特色是由國家配合外來資本制定政策，所推動的經濟發展。這種發展沒有足夠的力量向外擴張，也不可能形成以帝國主義向外擴張的方式爭取資本積累。〔註37〕

　　但在工業化的發展進程，不是沒有缺點。最大的缺點是整個過程中是一個簡單的加工過程，所生產出來的產品，由國外進口的投入要素多，國內投入的要素少，因此生產價值雖提昇，但國民所得卻仍偏低，此即導因於附加價值低。台灣在國際市場上出售的只是勞力，不是先進國家技術，因此暫難

〔註34〕彭懷恩，《臺灣政治變遷四十年》，頁 80。

〔註35〕彭懷恩，《臺灣政治變遷四十年》，頁 91～92。

〔註36〕「第一波發展」是初期商業資本主義的發展；「第二波發展」是在 19 世紀後半帝國主義時代，靠著對外擴張來促進資本的持續不斷累積；「第三波發展」是日本與沙俄，在工業化尚未完全時就對外擴張，成爲最後的帝國主義者。見陳映眞，〈我的寫作與臺灣社會嬗變〉，《INK 印刻文學生活誌》，頁 36～37。

〔註37〕陳映眞，〈我的寫作與臺灣社會嬗變〉，《INK 印刻文學生活誌》，頁 37。

累積資本成為高所得的進步國家，只能夠慢慢提升生活水準，對於消費的能力也只是緩步上升。

由於這樣的生產，需要大量勞動力，勞動力需求大幅上升的結果，工資不斷上漲，造成城鄉所得差距拉大，鄉村人口大量外移，使農業生產人口減少，對於工業化是有利的。

經濟學者蔡宏進統計，自 1964 到 1978 年間，都市人口比鄉村人口增加的速度快 3 倍。都市人口佔全人口的比率從 28.7%增加到 41.9%，鄉村人口則從由 71.3%減至 58.1%。再就農家所得來源分析，1966 年農業淨收入佔 66%，至 1980 年已降為 26.4%。此一收入來源顯示，農業收入已不再是農業家庭收入之本。〔註 38〕

就整體而言，1960 年代可謂臺灣經濟成長的黃金時代，從各種統計指標都可顯示出臺灣 1960 年代的發展可謂經濟奇蹟，也帶動了台灣社會對文化消費的增加，支撐起更多電影的產製。

## 參、政治控制與傳播發展

杭廷頓認為，開發中國家的經濟發展與政治參與似是「困難的抉擇（no easy choices）」，權威統治固然限制參與的管道，但也集中社會資源，因此，只要政府採取技術統治，未始不能使落後國家步向現代化國家之林。東亞的經濟在 20 世紀下半葉的成長就是如此，亦改變與美國之間的權力均勢。〔註39〕臺灣政治、經濟、社會的發展繁榮，讓多數民眾忙於經濟，對於政治的參與度不高，國家政權結構穩定，得以推動更多影響深遠的文化政策。

經濟民族主義（economical nationalism）的本質是把集體的強權置於個人之上，在經濟民主的原則下，導出理想的政治原則及政府形式。〔註 40〕臺灣就是在這種藉由集權領導的國家形式中，由經濟景氣的好轉，帶動社會現代化的進程，也讓文化政策逐漸獲得關注。

從傳播的角色研究公共政策，大眾媒介對政治的影響有三種，首先是認為傳播在整個公共政策制訂過程中多少只是附帶的、偶發的；其次是大眾媒

〔註38〕 蔡宏進，《臺灣農地改革對社會經濟影響的研究》（臺北：嘉新水泥公司文化
基金會，1967 年 10 月），頁 120～129。
〔註39〕 杭廷頓（Samuel P. Huntington）著、黃裕美譯，《文明衝突與世界秩序的重建》
（臺北：聯經，1997 年 9 月），頁 132～156。
〔註40〕 郭洪紀，《文化民族主義》（臺北：揚智，1997 年 9 月），頁 68～69。

介本身即是有利害關係的特殊利益團體，另方面則是積極的中介者；第三，大眾傳播媒體是民意與政策之間的中介者。〔註 41〕無論其影響層次爲何，大眾傳媒對於政策有著顯著影響力，因而媒體環境氛圍與政治開放的連結，是有其正相關性。

電影的創作，可說是「言論自由」的一部份，若由傳播而言，言論自由和新聞自由都屬於表意自由（freedom of expression）的一部分，從歐洲專制王權時期人們爭取自由權利實踐的時期開始，就是抵抗暴政的有效武器。〔註 42〕中華民國《憲法》第 11 條規定「人民有言論、講學、著作及出版之自由」，即爲明確保障表意自由之條文。電影、報紙、雜誌、廣播、電視等媒體，用印刷、攝影、錄音等媒介，將社會各界欲傳達的各種資訊或意見散佈於眾，都是屬於「出版」的形式。〔註 43〕

密爾（John Stuart Mill）的《論自由》（On Liberty）指出：要使全部的眞理出現，並爲人們所認識，惟有讓人們自己能夠判斷各種意見的正確與否。只有使反面的、或不正確的意見同時存在，才能增進人們的判斷力，正確認識到何者是事實、是眞理。〔註 44〕因此，能夠自由的發聲，才能夠讓文化得以自由傳遞，台灣電影及傳播產業走出威權政府主導的時代，逐漸走向商業化的多元發展，卻也如同阿多諾所說，藝術的同質性變高了，但卻更有大眾社會的時代意義。

# 第四節 小結

社會是一個「信息過程（Information Process）」，包括 3 個層面（Dismensions）交互作用的、政治和社會意識形成或消解的過程。〔註 45〕電影在台灣的發展，可以看出受到政治、經濟的管制其走向，而非如現代的商

---

〔註 41〕彭芸，《新聞媒介與政治》（臺北：黎明文化，1992 年 7 月），頁 70～71。

〔註 42〕John Keane，*The Media and Democracy*（Cambridge：Polity Press，1991），P. 8～10。

〔註 43〕參見沈超群，〈柏楊與柏楊案—從新聞評議到白色恐怖的探討〉，頁 41～42。

〔註 44〕密爾（John Stuart Mill）著、程崇華譯，《論自由》（*Liberty*）（臺北：唐山，1986 年 6 月），頁 59～62。

〔註 45〕丁學良，〈民族主義成爲「意識形態後」時代的意識形態：爲什麼？—以中國大陸爲分析案例〉，謝政諭、洪泉湖主編，《百年來兩岸民族主義的發展與反省》（臺北：東大圖書，2002 年 2 月），頁 52。

業性、票房等因素爲主要發展。

電影在台灣的萌芽誕生階段，即深受帝國主義的形塑與影響。而西方電影誕生背景，接著工業革命而來的一連串科技革新，擁有成熟的中產市民支撐電影市場。台灣地理位置特殊，族群組成多元，擁有漢文化、日本文化、原住民文化等，各種思潮支持著電影不斷進行實驗與創新，東西方早期電影史的背景截然不同〔註46〕。

20 世紀初，日本殖民政府借重影像，作爲傳輸現代性教化的平台。1910年代，在台灣電影與新劇的奠基者高松豐次郎開拓下，本地尚無電影製作技術與創作人才，電影的觀眾市場也尚未打開，但台灣已有完整的發行與映演系統。〔註47〕

電影放映從一種政策推動手段，要成爲社會文化的一環，少不了的是大眾消費市場的成形。例如台北市西門町一直扮演著關鍵的角色，西門町從荒郊墳地，開設座落於內江街上的「台北座」，是西門町戲劇活動之始，也是當時人氣最旺的戲院。1897 年台北座劇院落成，成爲西門町的娛樂事業濫觴。1903 年，「榮座」興起，與台北座激烈競爭，使西門町的娛樂事業逐漸興起。西門町是日人新闢的專屬地區，開闢以日本人爲對象的現代化市場，及酒家、飯店、戲院、電影院等消費娛樂場所，形成特有的西門町情調，日後因電影院林立，而被稱爲電影街。〔註48〕

在日據時代結束後，台灣進入國民政府統治時期，從戒嚴到解嚴，對於傳播環境掌控極爲嚴格，台灣電影於社會與文化中所扮演的影響力，亦隨之改變。台灣電影於國民政府統治後的歷史發展特色，從誕生於國家特許扶持的權力空隙，參與者在保守電影體制核心，盡力鞏固自我論述。整個台灣新電影史，其實是一部電影論述、藝術正典與權力資源的爭鬥史。30 多年過去，成爲專有名詞的「台灣新電影」封印入冊，成爲一則世界電影史裡的浪漫神話。〔註49〕

歷史學家伊格斯（Georg G. Iggers）說：「每件歷史作品都是件人造物

---

〔註46〕陳芳明，《後殖民台灣－文學史及其周邊》，頁 84。
〔註47〕黃建業主編，《跨世紀臺灣電影實錄（1898～2000）》（臺北：行政院文建會、國家電影資料館出版，2005 年），頁 131。
〔註48〕葉龍彥，《臺灣老戲院》（臺北：遠足文化，2004 年），頁 112。
〔註49〕王唯、黃仁著，《台灣電影百年史話（上）》（台北：視覺印象廣告事業有限公司出版，2004 年），頁 78。

（construct），但這件人造物是來自於史家與過去的對話，而這段對話又是發生在同具有理性判準（criteria of plausibility）的質問心靈所形成的社群中。」〔註50〕從過去傳播環境的發展，可以看出台灣電影傳播與政治、經濟氛圍息息相關，也期待未來在自由主義的市場之下，台灣電影擁有更大的創作空間。

這種來自電影的「現代」想像，不單是指台灣新電影如何見證並質疑了台灣「現代化」過程中那發展至上的歷史觀，也不只是侷限在台灣社會的「現代性」特質，如何表徵在新電影裡。在台灣電影現代性的想像裡，評論者便常將新電影視為一種「人文電影」的典範，將其浪漫化為商業／類型電影的對立面——即便最成功的一些新電影人，事實上仍須在一名為「藝術電影」的商業體系下，以全球分眾市場為想像標地尋找出路〔註51〕。

除了對「現代性」的想望之外，台灣本土電影產業所仰賴的，則是民眾對於台灣這塊土地的國族認同感。這種認同感，所映照出的是台灣走到今天的歷史文化發展，年老的一輩緬懷往日時光和傳承危機，而年輕的一代尋找族群認同，而這種族群認同，其實是深植在台灣的傳播與文化之中，從 1992 年進入 WTO，於 2008 年 ECAF 後，可以發現國片所欲吸引的觀眾市場，與國族認同概念愈來愈黏著，集體記憶的創造，已經成為現今票房電影的主流。如果要讓國片更加穩固，不能只是靠國族認同、本土認同，而是要進行以文化為基礎的文創事業，以文化輸出的方式擴展電影傳播的效應。

---

〔註50〕 Georg G. Iggers，*Historiography in the Twentieth Century：Form scientific Objectivity to the Postmodern Change*（New Hampshire：University Press of New England，1997），P.145。
〔註51〕 陳儒修著、羅頗誠譯，《台灣新電影的歷史文化經驗》（台北：萬象圖書，1994年），頁 43。

# 第四章　集體記憶與台灣電影發展的脈絡

## 第一節　集體記憶的塑造：從建構性到功能性

　　法國社會學家哈布瓦赫在《記憶的社會性結構》中提出「集體記憶」，並將其定義爲「一個特定社會群體之成員共用往事的過程和結果，保證集體記憶傳承的條件是社會交往及群體意識需要提取該記憶的延續性」。〔註1〕從廣義來看，集體記憶指的是一個具有自己特定文化內聚性和同一性的群體對自己過去的記憶；從狹義來看，集體記憶專指非歷史學的對歷史的記憶。這種集體記憶的塑造，在20世紀後更爲明顯，隨著傳播載具的進步，人們能夠接收訊息的管道更多，從報紙、雜誌、電影、電視、網路等，都有著塑造集體記憶的功能。

　　20世紀初，許多社會學家、心理學家和社會心理學家對於人類的記憶的研究都相當有興趣，他們的共同之處是：將個人的記憶放到社會環境中去探討，這就是「集體記憶」。〔註2〕許多學者將集體記憶作爲研究主題，大致認同集體記憶是各種各樣的集體所保存的記憶，它是關於一個集體過去全部認

---

〔註1〕鄧樺，〈儀式中的民族集體記憶建構：以雲南文山富寧縣洞波西六村藍靛瑤"度戒"儀式爲例〉，《民族教育研究》第23期（2012，北京：中央民族大學出版），頁43。
〔註2〕王明珂，〈集體記憶與族群認同〉，《當代》91期（1993年，台北：合志文化出版），頁6～19。

識，不論是實物、知識、情感的總和，在文化活動中像是儀式、風俗、紀念、節日等，或物質的實體如博物館、文獻圖書資料等，都能找到集體記憶的存在，可以在我群體與他群體的互動中感知到集體記憶的力量。

集體記憶是歷史學新興的研究趨勢，在歷史的時間維度中，討論集體層面的認知，傳播媒介作為「想像的共同體」中重要的環節，塑造我群和他群的不同。集體記憶體現出群體深層的面向，作為將群體凝聚和延續，有非常重要的作用。現今對於集體記憶有兩大主要研究取向，包括「建構主義」和「功能主義」。

「建構主義」就是哈布瓦赫所提出的「集體記憶是一個社會建構的過程」，歷史的記憶並沒有停止，是在現實中不斷地延續著；另一種「功能主義」則是認為集體記憶最重要的功能是集體整合，主要功能是是維持群體的穩定和完整。

學者邱娟提出，集體記憶具有以下特點：

一、社會性：它是被歷史、文化、政治等外部力量「形塑」的產物，也是記憶主體能動性建構的結果。

二、選擇性：記憶是依賴於周圍的情境而對記憶內容有選擇地加以重構。過去只有被選擇，才能被感知和記憶，這也從另一方面解釋了「集體失憶」的現象。

三、系統性：記憶只在喚起對它們回憶的心靈中聯繫在一起，因為一些記憶讓另一些記憶得以重建。集體記憶其內在是彼此聯繫的，不是分散孤立的，在不同的群體中對於同一件事的記憶會有不同的聯合方式或意義取向。

四、集體記憶要作用於集體中的個體發揮效應。集體記憶只是作為群體成員的個體才進行記憶。群體的記憶需要通過個體來實現，併在個體記憶之中體現自身。〔註3〕

集體記憶的研究是跨學科領域，特別是在歷史學、文學、社會學、人類學、心理學、政治學研究，因為這是「社會的連結結構（the connective structure of societies）」。歷史學做為求真求實的研究學科，對於建構與解構的特殊重視，因此從集體記憶的觀察，更能辨清歷史建構的本質。

〔註3〕 邱娟，〈集體記憶視角下的檔案管理〉，《中國檔案》第2期（2013年，北京：中國檔案雜誌社出版），頁42～43。

　　過往上古、中古史等只能從史料分析，找出現代學者想像中的眞實，但是現代史研究，能夠透過口述歷史、影片、各種資料，解析出時代的意涵，電影就是其中的產物，也可以說是重要歷史學文本。

　　學者王汎森以中國明、清和近代史實爲例，指出集體記憶的研究常發現爲了現實的需要或合理化現實的情境下，任意塑造或改變歷史記憶的例子，但是這些擦拭與修改亦有其限制，其中可能是因爲時代、團體、地域、階級等差異自然的限制，也可能受到社會政治情境所左右。換言之，爲現實需要而塑造扭曲歷史記憶未必順遂。〔註4〕

　　學者胡正光研究，哈布瓦赫的「記憶」是「概念」與「圖像」所構成，並具有下列三個特徵：

　　　第一，記憶的「時空關聯」。記憶必然在某個時間綿延內發生，這段時間是群體共同體驗的綿延。相對應的是，記憶必發生在某一空間中，如家庭的住所、農民住的村莊、市民居住的城鎮等。空間或許還應該涵蓋圍繞在我們周圍的物質對象（如機器、家具）。這些物質的對象不僅僅是形象而已，它們常常還帶有社會的價值、地位象徵的意義。記憶的「空間化」也成了《福音書中聖地的傳奇地形學》的分析架構。

　　　第二，記憶的「群體關聯」。記憶會依附在某些人的形象上，是與某些實在的、活生生的人互動的經驗。社會形形色色的群體也就是「記憶共同體」，他們保有共同的過去，並致力維持於共同記憶的「獨特」與「綿延」。也就是說，一個群體的共同記憶要強調與其他群體的不同，並且對群體的認同盡力保持不變。爲了這個緣故，集體的記憶常傾向忽視「變遷」，將歷史當成永不改變的「綿延」。

　　　第三，記憶的「重構性」。記憶並不保存原本的過去，而是依照不同的框架重構。假如我們還記得柏格森的記憶理論，那麼記憶在使用時，會經過意識篩選，重新組合，以符合當下的需要。這一點哈布瓦赫在《福音書中聖地的傳奇地形學》做了最好的說明。〔註5〕

---

〔註4〕 黃秀端，〈政治權力與集體記憶的競逐─從報紙之報導來看對二二八的詮釋〉，《臺灣民主季刊》第5卷，（2008年，台北：臺灣民主基金會），頁133～134。
〔註5〕 胡正光，〈從柏格森到阿布瓦希：論集體記憶的本質〉，《政治與社會哲學評論》第21期（2007年，台北：巨流圖書公司出版），頁166～167。

這三個特徵的記憶的「時空關聯」、「群體關聯」、「重構性」，均與電影的傳播效果有極大關聯，除去目標是少數特定族群觀看的影片，電影所欲傳播出思想意識，大部份要靠著記憶的關聯性加深，特別是在片中情境為當代社會。

## 壹、集體記憶與電影文本

電影作為檔案、文本的一種，傳播效應能夠重塑「集體記憶」，用哈布瓦赫的說法，甚至可以建構出集體記憶，形塑共同的認同。哈布瓦赫特別強調群體的概念，認為「集體記憶」是複數的、共享的，也是台灣電影發展史上早期常見到的宣傳目的。

學者陳品君認為，就像是檔案的建構和詮釋總離不開權力的介入，而檔案的內容總關聯到一個國家或一個城市的集體記憶，於是控制檔案就是控制記憶，以及記憶所衍生出來的身分認同。因此當少數族裔使用檔案來建構自己觀點的紀錄片時，其實他／她即在進行一項記憶重組工程，對沾黏主流意識型態的影像檔案進行解碼（decoding）並重新編碼（recoding），賦予影像檔案新的意義，並將其認同植入其中，構築一部展現少數族裔意識和歷史的影片。在這意義上而言，對檔案進行解碼就是從權力控制和編碼的舊意義中逃脫出來，藉以和過去切割，並創造出一個新身分的可能性。〔註6〕電影檔案的本身就是文本，不管是電影中的內容、影片、書籍、形象塑造等，都能夠從其中發現歷史的意義。

學者阿斯曼夫婦（Jan Assmann and Aleida Assmann）提出的文化記憶概念，有助於理解歷史創傷和集體記憶之間的關係，展示記憶以何種方式與過去相連，在多大程度上記憶塑造了集體身分。一般而言，文化記憶涉及「人類記憶的外在維度」，它包括了「記憶文化」和「過去關涉」這樣的概念。記憶文化指的是一個社會以文字來保存某代人的集體知識，從而確保文化連續性的記憶方式。這樣，後代人便可重構他們的文化身分。「過去關涉」則給予社會成員對歷史的意識，讓他們再次確認自己的集體身分。通過分享共有的過去，一個社會的成員便可重新確認他們的集體身分，並且獲得他們在時空中的統一性和獨有性意識。不過我們必須意識到一點，即文化記憶既不是一個容納證物和歷史真相的固定容器，也不是存儲能在以後調用的信息的場

---

〔註6〕 陳品君，〈獨白或對話：影像檔案操作策略下個人記憶與集體記憶的辯證〉，《南藝學報》第14期（2017年，台南：國立臺南藝術大學），頁30。

地。它更多地是一個固定點，讓我們得以在當下的文化語境中就過去做出有意義的言說。〔註7〕這樣的文化語境，也讓電影從早期的殖民、威權控制，到現在的市場機制，都有形、無形的進入集體記憶的範疇。

「交流型記憶」和「文化記憶」是阿斯曼夫婦提出的集體記憶的兩種構成要素，它們以不同方式塑造並重塑文化身分。交流型記憶按其定義屬於日常生活範圍，其中就有關於過去所進行的口頭交流表現出不穩定、無秩序和非專業的特徵。交流性記憶有時間界限，一般不會超過 80 年左右（約 3 到 4 代人），而且會隨時間的流逝而消失。就交流型記憶而言，沒有一個固定點能夠將記憶維繫在一個被擴大了的過去裡。爲了達到固定目的，我們必須離開日常交流，進入文化塑造的轉換領域。〔註8〕與交流型記憶相反，文化記憶的特徵是它遠離日常生活；「其組成部分是一個社會專門用以刻畫自我形象的可一再使用的文本、圖像、典禮儀式之集合」。〔註9〕

這樣的「交流型記憶」，比較像是人際間的互動傳播，能夠影響的群體較少，在網路口碑行銷前的時代，能夠發揮大眾影響力並不多；「文化記憶」就是利用社會文化創造出記憶，這樣的傳播方式則是大眾化的，儘管大眾未必眞實參與其中，但是卻能夠擁有感知身在其中的文化認同。

電影做爲傳播的重要一環，能夠有廣度及效度的影響群眾。學者李浩華認爲，電影許多時候給人虛假的印象，故事片固然滲入不少創作成分，即使是紀錄片，亦因拍攝者的鏡頭選擇、剪接等等，令人覺得電影距離「眞實」甚遠。相反，歷史就是大眾認爲的「眞實」的記載，它寫下什麼事件在什麼時間曾經發生過，但歷史學家選取記載哪些事件其實同樣是「另外一種形式的剪輯和特技製作」，如果從這個角度來看，歷史電影與歷史書寫某程度上都是關於歷史以什麼方式再現（represent）予大眾觀看。當然，再現的內容仍是重要的元素，然而我更關注的是如何再現，又或者說再現的方式，當中牽涉到再現本身反映出怎樣的意識形態。另外，歷史與社會記憶有關，哈布瓦赫提出「當傳統結束以及社會記憶消退或斷裂時，一般歷史才會開始」。〔註10〕

〔註7〕 史艾米，〈創傷歷史與集體記憶——作爲交流型記憶和文化記憶的文學〉《清華中文學報》第 13 期（2015 年 6 月，新竹：國立清華大學中文系），頁 288～289。

〔註8〕 史艾米，〈創傷歷史與集體記憶——作爲交流型記憶和文化記憶的文學〉，頁 290。

〔註9〕 Assmann，Jan，and John Czaplicka。「Collective memory and cultural identity.」 *New german critique*，65，（Durham：Duke University Press，1995，P.132。

〔註10〕 Chris Weedon and Glenn Jordan，「Collective memory: theory and politics」，*Social*

每個人都有自己的記憶，每個社會也有屬於自己的過去。兩者不同的是前者的單位為個人，後者是由個人所組成的集體社會。以社會為單位，專注於記憶與遺忘社群過去的人類相關現象，便是所謂集體記憶。〔註11〕然而在學術上，對於集體記憶的穩定性與延續性有不同的研究途徑。〔註12〕

## 貳、集體記憶與文化的控制權

學者黃秀端表示，哈布瓦赫認為集體記憶的架構，正是集體記憶用來重建一種對過去的意象的工具。過去是現在的關懷與需求所形塑的社會建構。而在每個時代，對過去的意象是符合社會的優勢思潮的。由於人們所記憶的過去，常常受掌權者控制，所以集體記憶是不穩定的、不可靠的。集體記憶工程需要爭取對文化媒介的控制權，而其目標是詮釋歷史的權力。因此研究集體記憶的重要任務，就是對權力結構的探討─特別是在政治領域的─以及文化媒介的分析。從歷史上，我們可以看到掌權者無不利用其權力掌握各種文化媒介，如：雕像、紀念碑、紀念儀式、文獻、教科書、電影、電視、戲劇、海報等，作為控制集體記憶本身。過去臺灣社會中集體記憶的競逐過程，執政者藉由權力而展現的集體記憶塑造，受到執政者之一元壟斷，沒有經過溝通與尊重的過程，產生了扭曲與再造；由於歷史不是只有一種聲音，所以許多不同時代、不同社會的人群都在爭著訴說自己的過去，藉此將自己的過去一般化、普遍化而成為當代的社會記憶，並抹殺他人的記憶。〔註13〕在威權社會下，記憶之內容和詮釋變成權力爭取下之工具，讓人民失去主體性，社會成為一言堂。〔註14〕

傳播是控制集體記憶的重要工具，許多研究指出大眾傳播媒介是形塑人們歷史意識的制度化媒介，當社會的事務從自然的空間和時間消逝時，人們只能依賴記憶來捕捉對過去世界的認識，每個人都有記憶，唯有在大眾傳播

---

*Semiotics*，Vol.22，No.2（London:Routledge，2012），PP.143～153。

〔註11〕 夏春祥，〈文化象徵與集體記憶的競逐─從台北市凱達格蘭大道談起〉，《台灣社會研究季刊》第31卷第9期（1998年，台北），頁60。

〔註12〕 黃秀端，〈政治權力與集體記憶的競逐─從報紙之報導來看對二二八的詮釋〉，頁131。

〔註13〕 王明珂，〈誰的歷史：自傳、傳記與口述歷史的社會記憶本質〉，《思與言》第34卷第3期（1996年），頁177。

〔註14〕 黃秀端，〈政治權力與集體記憶的競逐─從報紙之報導來看對二二八的詮釋〉，《臺灣民主季刊》第5卷，（2008年，台北：臺灣民主基金會），頁132。

媒體及很多人腦中所存下來的事務，才是社會上眞正發生過的。在同樣的社會裡，同樣的事情在發生，媒體可以做選擇性的報導、也可以做出不同的解讀。這些記載、報導不斷的在形塑我們的意見與記憶。〔註15〕

　　李浩華舉例，記憶場域是建構集體記憶的重要來源，而當中的權力關係亦不難看到。例如早年有中學生被問及五四運動的精神，回覆指是關於尊重和包容，而非常說的「德先生」、「賽先生」。〔註16〕這些記憶場域固然建構出我們的集體記憶，但需要注意的是，正因爲它具有記憶的特質，隨著時代轉變，在不同的權力關係影響之下，所建構出來的集體記憶亦略有不同。

　　李浩華認爲：

> 即使電影是記憶場域，加速了記憶轉變成歷史的過程，電影仍然在建構集體記憶上有著不可忽略的作用。唯有當我們不斷論述、在不同角度嘗試了解這些集體記憶，我們才能眞正理解過去發生過的事。而電影正如許多不同的大眾文化，它是跨地域的媒介，透過電影的敘述，集體記憶不單在發生地建構出來，甚至在地球的另一邊，亦會有人因觀看過相關的電影而同樣建構出相應的集體記憶。這些集體記憶正是確立於電影這個「眞實環境」之上，而通過電影所建構出的集體記憶，我們同時建構出相應的想像共同體（imagined communities），不僅關懷自己所在地，同時關懷與自己有所聯繫的遠方。〔註17〕

電影做爲創造集體記憶的一項傳播工具，從日治時期、國府時期到現代市場機制都有類似的功效，只是從早期的殖民宣傳、國族建構，一直到現代的市場導向，集體記憶都能夠爲電影創造類似效應，傳播著隱喻的意識在其中。

## 第二節　集體記憶的建構：從政策宣傳到市場導向

　　從 19 世紀至今 150 年來，台灣歷經日本殖民政府，與國民政府兩個政權

---

〔註15〕黃秀端，〈政治權力與集體記憶的競逐－從報紙之報導來看對二二八的詮釋〉，頁 136。

〔註16〕Chris Weedon and Glenn Jordan，「Collective memory: theory and politics」，PP.143～153。

〔註17〕李浩華，〈電影對歷史的再現及集體記憶的建構〉，《文化研究@嶺南》第 56 期（2017 年，香港：嶺南大學文化研究系出版），頁 5。

的統治。由於這兩個政權相異的個別屬性，與其各自所屬的歷史脈絡的緣故，
除了近數十餘年，台灣開始逐漸走向真正民意代議式的民主政治外，從縱向
歷史脈絡而言，台灣的政治從 19 世紀末到 20 世紀前後屬於日本與國民政府，
強加在人民身上的中央集權式的高壓統治。電影做為一種文化產物與社會機
構，自然也擺脫不了政治的干預或參與。〔註 18〕從過去百餘年的台灣電影發
展史，即可清晰地看出電影與政治的複雜關係。而電影的整體面貌也正足以
反映出從 19 世紀末，到 20 世紀前 70、80 年的高壓政治與近 20 餘年的政治
解嚴的歷史演變。〔註 19〕

霍布斯邦（Eric Hobsbawm）在〈歷史的新威脅〉中說：

> 就像罌粟花是海洛因毒品的原料，對民族主義、種族主義或基
> 本教義派的意識形態而言，歷史就是他們的原料。對於各種意識形
> 態來說，過去是一種基本元素，或許應該說是最核心的元素。如果
> 沒有適用的過去，他們常常會捏造過去。的確，按照事情的本質，
> 通常不會有完全適用的過去。這些意識形態聲稱他們證明的現象，
> 並非來自古代或者永恆不變的事實，而是一種重建歷史的新產
> 物。……在這種情況下，歷史家意外地發現自己扮演著政治的角色。
> 我過去一向以為，歷史家不會像核子物理學家，給人類製造那麼大
> 的災難。不過，我現在不再這麼想了。就像愛爾蘭的共和軍，在車
> 間裡把化學肥料變成炸藥，我們的書齋也能是個炸彈工廠。面對這
> 樣的問題，我們除了一方面必須忠於歷史事實外，另一方面也應該
> 要對政治及意識形態的濫用歷史提出批判。〔註 20〕

民族主義有其特殊性質及影響，然而在融合我群與他群的過程中，集體記憶
做為有不可抹滅的重要性，日治時期台灣電影的發展，就是日本以強化集體
記憶的特質，希望凝聚台灣人對日本的向心力，並且塑造出典範型的台灣人
──勤勞、農耕、生產等特質，做為統治台灣的圖騰。

---

〔註 18〕張世倫，〈臺灣「新電影」論述形構之歷史分析〉（2001 年，台北），頁 79。

〔註 19〕邱子修，〈空間的在地主義、歷史的國家主義、還是社會的跨國主義？─《海
角七號》的文化評析〉，《電影欣賞學刊》，第 6 期第 1 卷（2010 年，台北：國
家電影資料館），頁 185～195。

〔註 20〕霍布斯邦（Eric Hobsbawm），《論歷史》（台北：麥田出版，2002 年）。轉引自
黃延齡，〈歷史集體記憶的作用與濫用〉，收錄於《歷史月刊》第 247 期（台
北：歷史智庫出版，2008 年），頁 114。

## 壹、日治時期官方資本宣傳片概述及其精神

帝國主義及其殖民主義的統治，除了具體可見的軍事、政治與經濟的壓迫制度之外，通常還伴隨著隱晦未明之文化的論述霸權，而此一論述霸權的主要形構，往往正是來自於殖民者對於殖民地及其人民的各種凝視，透過觀看與被觀看的中介，建構著彼此的權力關係，並徵召殖民者與被殖民者意識的主體位置。

電影是近代化視覺資訊傳遞的工具之一，西元 1895 年，出身自法國里昂照相材料製作商家庭的盧米埃兄弟，在巴黎格蘭咖啡店印度沙龍中公開售票放映十部影片，影片是用他們發展出來的電影機拍攝與放映的。這一天便標誌著電影正式誕生的日子。爾後電影的發展，於歐洲公開後 4 年半才經由日本傳來台灣。電影傳到日本是在 1897 年 2 月，比台灣早了 3 年多。在這 3 年多期間，電影風靡了日本的中上階層，並且透過第三章所述之跑江湖導讀口白的巡迴放映隊，透過解說旁白的方式，將電影的魅力散佈到全日本各地。由於電影產業在日本本土的成功推廣，使得電影傳到台灣這塊日本新領有的殖民地，似乎是遲早的事。

電影在台灣公開放映的時間，根據現有的文字證據，是在 1900 年 6 月 21 日。把電影引進台灣的是當時已有電影機製造、拍攝與放映技術的日本人，在 20 世紀初的第一個十年，正如第三章所言，由台灣總督府民政長官後藤新平與在野的前首相伊藤博文所策劃，由當時擔任電影導讀口白的巡迴放映隊成員高松豐次郎，利用電影在日本宣傳勞資和諧的勞工運動時，就想說服高松來台灣以電影做為宣傳工具。高松雖然具有社會主義思想，但在台灣這個特殊環境中，卻與右翼的殖民政府建立十分密切而友善的關係。〔註21〕

1914 年，隸屬總督府的官方機構「台灣教育會」設活動寫眞部，負責巡迴放映用來教育臺灣人民的政治宣傳電影。例如「台灣教育會」在臺北放映《天皇登基大典》新聞片，免費招待臺灣觀眾，以傳達尊敬皇室觀念的模擬畫面。

1923 年彼時的皇太子，即後來即位爲裕仁天皇訪台的影片，也透過台灣總督府文教局學務部拍攝後，在日本全國各地放映。〔註22〕

到了 1939 至 1940 年之間，日治時期日本台灣總督府爲宣傳在台灣的政績所拍攝的紀錄片《南進台灣》，由台灣總督府等官方支持，並由實業時代社

---

〔註21〕岩崎昶著、鐘理譯，《日本電影史》（北京：中國電影出版社，1981 年），頁 68。
〔註22〕黃昭堂著、黃英哲譯，《台灣總督府》（台北：前衛出版社，1994 年），頁 103。

等單位制作這部片，以繞台灣一周的拍攝手法闡述日本對台灣各地的開發建設、台灣的重要性及日本領有主導台灣權力，乃為描述日本台灣總督府統治台灣約四十年的政績宣傳片。〔註23〕

《南進台灣》的內容包括了：闡述台灣的重要性、日本領有台灣主權的歷史說明、台灣地理（包括台北州、新竹州、台中州、台南州、台灣製糖事業、高雄州、台灣對外交通、花蓮港廳、台東廳、高砂族）的簡介，以及南進基地政策之說明。內容也多取材「臺灣新八景」風景、鄉村景象、現代化建設等，成為殖民觀者記錄殖民地文化的方式之一，但這些美術作品並非只是現實場景的記錄，這擷取景象與詮釋權取決於有權力者的觀察與組織整理所表現出來，存在著殖民者藉由畫家表現所要表達的意旨，和同時想要傳達的文化視角。〔註24〕

具體而言，《南進台灣》以黑白影像電影呈現，以日本帝國的觀點俯瞰台灣這塊殖民地，逐一的介紹日本對台灣各地的開發、台灣各大城市的物產及重要景點，作為「南進」的號召，並把台灣塑造成「南國的夢想寶島」。用平實的拍攝技巧及日語旁白，呈現日治台灣的面貌，例如片中呈現在日本的都市計劃下，台北逐漸有現代化的建築、交通，也致力改善台北文化樣貌與教育，並開始出現現代化的休閒娛樂及物質文明，片中可見女性穿著高雅，並悠閑的漫步於植物園。〔註25〕

接著，到了中南部時，影片以介紹台灣各地產業與天然資源為主，並間接展現出台灣產業不僅可以自給自足，還可以外銷增加產業值；更在台灣土地上建設許多輔助工業的設施，如：港口、大圳及電力所，提供水、電力等基礎能源。後來，影片一路往南部走，逐一介紹台灣的制糖、制鹽產業，積極訓練農業人才，種植熱帶物產，如：木瓜、鳳梨、香蕉等。紀錄片中可看到洋樓、道路等都市化的建設，更以屹立不搖的鵝鑾鼻燈塔像征日本南進政策的決心。另外，也可了解到台灣對外的交通，如：航線、無線電話等。強調日本對台灣產業開發的重視。紀錄片片尾往台灣東部繞，影片環繞著港口、

---

〔註23〕三澤眞美惠，《殖民地下的銀幕，台灣總督府電影政策之研究（1985~1942）》（台北：前衛出版，2001年），頁121。
〔註24〕黃仁、王唯，《臺灣電影百年史話（上）》（台北：中華影評人協會，2004年），頁142。
〔註25〕呂紹理，《展示臺灣：權力、空間與殖民統治的形象表述》（台北：麥田，2005年），頁88。

濱海公路的建設，也呈現當時高砂族的生活樣貌及東部的風景名勝。〔註26〕

　　影片站在殖民者的角度，介紹台灣各地的景觀，影片的傳播效應主要是臺灣總督府在始政紀念活動中，藉由傳媒的便利性，彰顯對臺灣殖民地統治的成果，就如同薩依德（Edward W. Said）在《文化與帝國主義（Culture and Imperialism）》書中指出：「對於西方殖民帝國而言，次等或更低的文化之可馴服、可傳輸的特性被強調著，那些下等文化在西方人面前被展示出來，如同帝國的巨大疆域之縮影。」〔註27〕

　　《南進台灣》定義台灣的經濟價值，也讓觀影者了解日治時期日本對台灣的影響及政績，從殖民者角度觀看，刻意選擇美好的畫面，強調台灣人民享受現代化過程，但是同時在放映給台灣閱聽眾觀看時，也在塑造一種集體記體，讓台灣人民對於勞動的認同，喚起對於勞動的正面形象嚮往。雖然《南進台灣》整部紀錄片是宣傳用意的政治工具，不完全客觀，但旁白詳細說明畫面內容，企圖增加「眼見為憑」的說服力，即便是一部政策宣傳片，但影片卻記載了1930～1940年代台灣的景像而彌足珍貴。〔註28〕《南進台灣》也成為現在影視史學重要史料，用以觀察該時代台灣影像的重要史料。

## 貳、解嚴前的官方宣傳片概述及其精神

　　1945年臺灣光復後，台灣戰後初期經濟雖然貧困，社會在歷經二二八事件後，勉強走入安定時期。當時的電影製作1年只製作不到10部影片，主要都是新聞片，紀錄台灣當時在農業、工業、交通、電力、社會等方面的實況，及長官公署的一些行政與建設，與日治時期用電影進行政治宣導的做法相同。行政長官公署宣傳委員會，接收日治時期的總督府情報課，並將下轄的「台灣映畫協會」及「台灣報導寫真協會」合併，改為「台灣電影攝製場」，凡有重要新聞大事，即交派電影攝製場拍攝新聞宣傳片教育民眾。〔註29〕影

〔註26〕Ching，Leo（荊子馨）著、鄭力軒譯，《成為「日本人」：殖民地台灣與認同政治》（台北：麥田，2006年），頁46。

〔註27〕黃宣範，《語言、社會與族群意識—臺灣語言社會學的研究》（台北市：文鶴出版，1993年），頁49。

〔註28〕李天鐸，《臺灣電影、社會與歷史》（台北縣：視覺傳播藝術學會，1997年），頁12。

〔註29〕陳平浩，〈戒嚴與冷戰，密室與南洋—臺語片六〇週年重探臺語片的政治敘事〉，《放映週報》2016年9月1日，取自 http://www.funscreen.com.tw/headline. asp?H_No=631，擷取日期：2018年1月31日。

片成為長官公署重要的教化宣傳工具。

隨著國共內戰日趨激烈，而在台的統治階級又貪污腐化，造成台灣經濟通膨嚴重，連新聞片也減量生產，1949 年國民政府遷到台灣，帶來了官營中國電影製片廠、農教電影公司的大批人員與設備，使得政府主控了後來的台灣電影發展。1949 年遷臺的「中國電影製片廠」，隸屬於國防部，1952 年拍攝完成《春滿人間》，〔註30〕以國民政府實施「三七五減租」造福臺灣農民為題，歌頌德政。原來專拍新聞紀錄片的「台灣電影攝製場」改名為「台灣電影製片廠」，則於 1954 年開拍第一部反共間諜劇情片《罌粟花》〔註31〕，以間諜鬥志、穿插愛情故事來包裝反共訊息，算是強化對於當時人民反共情緒的首部影片。

中華民國政府還統治大陸時期，文宣工作多被中共掌握，政府撤台後吸取大陸淪陷的教訓，對於傳播媒介及其管道多所掌控，例如臺灣音樂宣導要加強反共歌曲：以三民主義對抗共產主義，堅守民主陣營，在臺灣絕對要擯除共產黨及馬列思想，確保臺澎金馬的安全，因此所有關於涉及共產黨的音樂全部禁止，而政府所做的政策是為防止共產黨滲透，保密防諜人人有責。〔註32〕

綜觀整個 50 年代，因為國民政府到了台灣對電影嚴加控管，1951 年台灣電影檢查處擬定《戰亂時期處理國產影片辦法》，在電影業全面實施反共政策。同時，國民黨推行中國傳統文化、歷史的教育，也就是所謂的「反共不反華」的政策。因此 1950 年代的台灣電影基本上可說是乏善可陳，尤其是國語劇情片，如 1951 年由宗由導演之《惡夢初醒》、1951 年由農業教育電影公司獨力拍攝的第一部劇情片、徐欣夫導演之《永不分離》、1952 年由唐紹華導

---

〔註30〕〈春滿人間〉1952 年 3 月 10 日報導，《臺灣民聲日報》（台中：臺灣民聲日報社），取自國立公共資訊圖書館資料庫。網址：http://das.nlpi.edu.tw/sp.asp?xdurl=BrowseTopic/gipControler.asp&uid=topic_result_detail&cur_do_index=1&xml_id=0000930104&ctNode=213&dtdname=+%3A+%E8%88%8A%E5%A0%B1%E7%B4%99，擷取日期：2018 年 1 月 31 日。

〔註31〕〈罌粟花〉1955 年 6 月 20 日日報導，《臺灣民聲日報》（台中：臺灣民聲日報社），取自國立公共資訊圖書館資料庫。網址：http://das.nlpi.edu.tw/sp.asp?xdurl=BrowseTopic/gipControler.asp&uid=topic_result_detail&cur_do_index=1&xml_id=0001135658&ctNode=213&dtdname=+%3A+%E8%88%8A%E5%A0%B1%E7%B4%99，擷取日期：2018 年 1 月 31 日。

〔註32〕唐維敏，〈發現影視「中國」〉，收錄於劉現成編，《中國電影：歷史、文化與再現海峽兩岸暨香港電影發展與文化變遷研討會論文集》（台北縣：中國電影史料研究會、中華民國視覺傳播藝術學會，1995 年），頁 310～318。

演之《皆大歡喜》等。《永不分離》該片是以政府「檢肅匪諜，安定社會」政策為主軸所拍攝的影片，與該公司和中國電影製片廠合作攝製、宗由導演的《惡夢初醒》同樣，都改編自鐵吾的原著。

同樣都是描寫共產黨入侵的劇情，多是描述台灣光復後，共黨地下份子潛入林場，藉故挑撥林場內本省籍員工與外省籍員工的感情，鼓動工潮，最後為人視破，真相大白。該等電影完全配合反共抗俄的文藝路線，使電影完全成為政治宣傳工具，堪與史達林時期的蘇聯電影相比。〔註33〕

以國民政府時期解嚴前電影的政策及活動而言，也正是在日治時期結束後，中華民國政府進入電影作為政治宣傳的階段。在政策上，包括了從消極性檢查到積極性統制的變遷，也就是透過檢閱的制度來展現外來政權的權力；在活動上，則是更積極地透過電影來承載並宣傳意識形態。〔註34〕國民政府透過影片拍攝，重新脈絡化於一套文化論述之中，這套論述重新改造了日治時期後，原本固有於台灣的歷史與空間結構，卻由於紀實性的力量而產生自然化的效果。這不僅是在召喚台灣居民的大中華一體的主體意識，也是在確認作為外來政權的主體認同，尤其是對於1949年遷台後的「外省人」觀眾而言，只有從「他者」的建構才能使主體認識自身，其中包括了主體想要成為什麼人、擁有什麼地方，以及贊成什麼國策等內容。〔註35〕

在當時，台灣還分為本省人、外省人的族群分野，也是透過這樣的表述方式，將對大陸的情感、意識、認同，連結到本省人之中，許多從未到過大陸的本省人，也能夠藉由影片宣傳的意識，塑造出國族的集體記憶一環，特別是統治下有一群未曾對日抗戰，也未有反共經驗的族群。

如諾拉（Nora Pierre）所言，西方世界於啟蒙時期之前，國家、宗教和教育等意識型態機器壟斷著公共檔案之生產和詮釋權。統治階級精英建構國族歷史作為集體認同和建立國家的工具，讓記憶服務國族利益。俟國家國族變成一個既定的事實，記憶也就變成一個純粹的個人現象。尤其在佛洛伊德（Sigmund Freud，1856～1939）和普魯斯特（Marcel Proust，1871～1922）之

---

〔註33〕吳正桓，〈臺灣電影文化和兩種電影觀〉，收錄於李天鐸編，《當代華語電影論述》（台北：時報文化出版，1996年），頁17～32。

〔註34〕透納（Graeme Turner）著、林文淇譯，《電影的社會實踐》（台北：遠流出版，1997年），頁55。.

〔註35〕吳乃德，《百年追求：臺灣民主運動的故事（卷二）自由的挫敗》（新北：衛城出版，2013年），頁77。

後，記憶逐漸從歷史推向心理，從社會推向個體，朝向自我身分經濟學邁進。〔註36〕至此，檔案變成官方、集體或個人彼此相互競爭用以建構自己歷史和身分認同的場域。〔註37〕

## 參、解嚴後市場導向之發展

解嚴後的國片復興之路，在上一章已經敘述，到 1992 年，為了加入 WTO，國外電影強勢進入，國片年產量僅剩 15～20 部，市占率僅 1~2%，2000 年加入 WTO，國片更趨慘淡，2003 年，僅 15 部國片，市占率不到 1%，台灣電影市場被外來電影宰制，直至 2008 年，電影《海角七號》熱賣，使得國片熱潮爆發，台灣觀眾才開始重拾信心。

之後的《艋舺》、《雞排英雄》、《那些年，我們一起追的女孩》、《賽德克‧巴萊》、《我的少女時代》持續賣座，台灣電影開始復甦。其中《那些年，我們一起追的女孩》、《我的少女時代》的劇中時代設定在 1990 年代，更是受到歡迎，儘管片中有許多的劇情未必是生活中能見到，但是隨著集體記憶的塑造，依然獲得極佳票房成績，相關析論將在第五章、第六章中詳述。

成功的電影，不僅開啟文化的視野也開啟商業的契機。資深電影人焦雄屏就指出，過去大家對國片沒信心，沒有人會想透過電影做行銷，如今「海角七號」大賣，創造出信義鄉小米酒、墾丁觀光飯店以及原住民工藝項鍊等產業的連鎖效應，「應該能重振業者的信心，讓電影業與其他產業展開良性的合作模式。」〔註38〕電影本身擁有集體記憶的效果，又是文化創意產業的一環，能夠將兩者齊集，就能夠擁有更好的票房優勢。

## 第三節　集體記憶的效應：民族主義與國族認同

集體記憶的塑造，在台灣電影發展史上，早期和民族主義和國族認同難脫關係，當時並沒有「集體記憶」的概念，但是卻有文化同化、殖民思想的

---

〔註36〕諾拉（Nora Pierre），韓尚譯，《文化記憶理論讀本》（北京：北京大學出版，2012 年），頁 103～104。

〔註37〕陳品君，〈獨白或對話：影像檔案操作策略下個人記憶與集體記憶的辯證〉，頁 29。

〔註38〕馬岳琳，〈從「海角」重拾國片信心〉，《天下雜誌》406 期，2011 年 4 月 13 日。網址：https://www.cw.com.tw/article/article.action?id=5002298，擷取日期：2018 年 2 月 1 日。

意涵，因此日治時期的電影發展，在集體記憶上與民族主義可謂一體兩面。

在統治台灣原住民方面，日本殖民政府很早就開始利用電影，做為宣傳工具。1907 年高松豐次郎帶著《台灣實況介紹》在日本國內巡迴放映時，率領了阿里山鄒族達邦社的達巴斯郎，與同社的 2 男 2 女，共 5 位原住民聯同 4 名歌妓隨片登台演出。5 位台灣原住民被高松豐次郎帶到日本各地名勝去觀光，並被安排參觀軍隊、軍艦等，而且被拍成影片。5 位原住民於次年初回台後，還被安排晉見佐久間總督，談他們到日本觀光的感想，這是日本殖民政府施行「番人觀光」政策的先河，也是電影首次被用在「番人觀光」上。〔註39〕

所謂的「番人觀光」，指的是選派原住民部落的知識份子或領導人，至日本或台灣島內觀光，與所謂的「文明世界」接觸，以消解他們對外界的排斥。1910 年起，「番人觀光」成為台灣總督府民政部番務署，每年施政的例行事項。雖然日本人認為這項措施執行效果甚佳，中央當局也有施行的意願，可是由於所費不貲，所以日本殖民政府乃在 1921 年四 4 月，由警務署理番課購置電影放映設備，來補施行「番人觀光」的不足之處，並觀察「番人觀光」的施行效果。

日本人認為，能去觀光的畢竟只有少數人，電影則不但便於好幾個部落的人，可以同聚在一起觀看日本的風光，與種種新奇事物，而且若能安排去島內或日本觀光過的族人混雜在觀眾當中，證實電影中的景物確有其事，不僅可加強電影的效果，也對曾去觀光的人回部落後所講的旅行的見聞，產生增強的效果；其結果與派人去島內或日本觀光，效果一樣的好。隔年 1922 年 6 月理番課，更是進一步購置了電影攝影機，作以台灣原住民為背景的電影，在台灣山地巡迴放映。日本政府原本計畫是，原住民看了文明與原始的赤裸對比實況，一定會心悅誠服的接受日本皇民化統治，而會有改進向上、歸順招安的念頭。例如拍攝某部落在警察協助下種水稻。影片顯示由播種、插秧、除草、割稻、打穀、脫穀、收成等一連串的過程，並展示新的農具；這種影片不但在部落中受到熱烈的歡迎，也說服不少原住民去開墾水田，這也是一種啟蒙教育電影。〔註40〕

電影在日本殖民政府的「理番政策」的撫育工作上，扮演過非常重要的角色。除了總督府理番課以外，各州廳也購置了電影攝影機，做為教化原住

---

〔註39〕曾傑，《失敗者的迴返－臺灣後－新電影空間敘事與地方性》(2015 年，高雄)，頁 105。

〔註40〕沈錫倫，《民俗文話中的與言奇趣》(台北市：臺灣商務，2001 年)，頁 45。

民的工具；「理番政策」電影的攝影內容取材，以殖民統治與建設成果佔大多數，包括統治者人像、紀念性景觀及殖民政府在臺灣現代性建設的作爲等，展現統治者征服的權力象徵，以及執政者藉由現代性建設設施與建築的影像作爲新世界建設成果的表徵。而自然景觀風景、熱帶植物與花卉或是原住民的人文，則是刻意保留原始風貌與日本母國的差異性，象徵在臺灣找尋異國情調。〔註41〕

《莎韻之鐘》是日治時期台灣所拍攝的最後一部劇情片，劇情是一名泰雅族少女莎韻‧哈勇替日籍教師田北正記搬運行李，不幸失足溺水。台灣總督爲了褒揚其義行，頒贈予當地的紀念桃形銅鐘，稱爲「莎韻之鐘」。被台灣總督府用來宣揚理蕃政策的成功，成爲皇民化政策的宣傳樣本。

## 壹、日治時期電影資料的再現與再詮釋

2003 年，一批珍貴的影像史料在嘉義出現。包含 168 卷 35mm 及 16mm 的黑白影片、135 件准演執照、對白本，以及電影放映機。這批電影史料數十年來流落民間，因保存環境不佳，嚴重毀損，其中不少影片已有齒孔破損現象。而且，影片屬於易燃的硝酸片，超過攝氏 40 度即可能化爲灰燼，隨時都有損毀的可能。經過熱心人士居中聯繫，文建會所屬的台史博購得這批電影資產。這批影片有台南州廳政府的宣導教育片，也有台灣各地的寫真紀錄片，包括南進台灣系列，與日月潭、台南（安平、赤崁樓、延平郡王祠）、新高山（玉山）、阿里山、嘉義等地的珍貴畫面。此外，還有幾件以米老鼠爲主角的美國早期動畫片。〔註42〕

2005 年，由國立台灣歷史博物館委託國立台南藝術大學進行了「日治時期電影資料整理及數位化計畫」。2008 年，完成總計 175 捲膠捲影片與 138 本准演執照的修復工作，並正式對外發行名爲《片格轉動間的台灣顯影》之影音光碟暨專刊，而《南進台灣》正是其中一部以紀錄片形式所呈現的政宣影片，主要以環島一周的紀實影音來建構並宣傳「南進論」的意義。〔註43〕

日治時期的台灣電影製作以日本人爲主，隨後台灣人也紛紛加入電影行

〔註41〕杜劍鋒，〈東亞視野下的福爾摩沙—臺灣認同的源起與變化〉（2011 年，台南），頁 54。
〔註42〕徐樂眉，《百年臺灣電影史》（新北：揚智文化出版，2015 年），頁 46。
〔註43〕蘇致亨，〈重寫臺語電影史：黑白底片、彩色技術轉型和黨國文化治理〉（2016 年，台北），頁 47。

列。當時的影片五彩繽紛，有劇情片，也有紀錄片、教育片，內容或呈現台灣風土人情、產業景觀，或宣揚殖民地政府成果。不論內容如何，都屬珍貴的電影史料，而且，不只是台灣電影史的重要資產，從殖民者角度，亦屬日本電影史寶貴的一頁，其文化價值可想而知。可惜數十年來物換星移，日治時期與台灣有關的影片大多散佚，僅少部分獲得保存，殊為可惜，因為電影不僅是藝術、產業，也是寶貴的資產。除了紀錄片、教育片傳達豐富的人文資訊，劇情片的生活場景、街道景觀、人物衣著、動作、語言也經常反映時代環境與文化觀念，電影史料的散佚，不啻是集體情感與共同記憶的流失。〔註44〕

日治時期老電影片的重生，影像文化資產獲得保存，為台灣早期電影史增添寶貴的畫面，而透過播映，做為影視史學的重要史料，讓民眾瞭解數十年前台灣的地理景觀與人文風貌，有助於拓展台灣人的歷史視野，具有深刻的文化意涵，是台灣電影史值得珍惜的一頁。

學者陳翠蓮認為，電影宣傳在日治時期當時，不僅成為新聞媒體之外，極為便捷的訊息傳遞工具之一，也強化國民對國家共同意識的凝聚，形成國家機器操作集體意識形態的途徑。〔註45〕日治時期的電影發展，從歷史的進程來看，能夠反映出電影在日治時期被政治操縱的運作關係。

## 貳、戒嚴時期政治宣傳片類型分析

戰後初期，台灣經濟情況不佳，電影製作1年不到10部新聞片，主要是紀錄台灣當時在農業、工業、交通、電力、社會等方面的實況，及長官公署的行政與建設，與日治時期用電影進行政治宣導的做法相同。

1950年代，反共意識型態極為強烈，電影走向也以反共為主題。學者黃仁認為，公營電影努力以影像協助政府對人民政治思想的監管，這個年代最重要的反共電影是「抓匪諜」，匪諜自首及幡然覺悟共產主義之惡的情節，往往溶入家庭通俗劇中。有趣的是，匪諜經常利用女人的身份為掩飾，以美色達到顛覆破壞的目的。〔註46〕

1960年代，匪諜的威脅減少，反共電影乃集中於反映韓戰的慘酷，如《一

〔註44〕陳犀禾、劉宇清，〈跨區（國）語境中的華語電影現象及其研究〉，《文藝研究》，2007年第1期（2007年，北京：中國藝術研究院出版），頁85～93。

〔註45〕陳翠蓮，《百年追求：臺灣民主運動的故事（卷一）自治的夢想》（新北：衛城出版，2013年），頁88。

〔註46〕黃仁，《電影與政治宣傳》，頁59。

萬四千個證人》，或對匪區苦況的誇大想像，如《音容劫》、《白雲故鄉》、《故鄉劫》、《還君明珠雙淚垂》等。〔註47〕

隨著台灣在政治、經濟和文化上的發展，中產階級興起，工業化的進步使大量人口湧入都市，娛樂事業逐漸增加。當時增加了黃梅調、古裝電影、青春片、武俠片、功夫片，以及愛國政治宣傳電影等。

其中黃梅調、古裝電影，在政治低迷時期，面對反攻大陸無望，外省族群返鄉思緒之下，藉由黃梅調曲風以及中國古裝抒發懷鄉情懷，成為宣洩情感的工具，是電影製作投合大眾品味的一種安全作法。像是電影《梁祝》的成功，就是一個例子。

另外，在愛國政宣電影上，政府以「反共」、「抗日」為主的政宣電影，成為公營片廠的主要戲路。由於戰爭電影需要特殊場景或是道具、武器等，臨時演員人數多，拍片費用高，必須要軍方配合，所以不是民營公司所能負擔，許多電影是政府贊助發行。

1970 年代，將與中共的敵對狀態，轉為間諜懸疑刺激的商業類型，如《歌聲魅影》、《血濺虹橋》、《突破國際死亡線》。到了 1980 年代，反共片轉型為戰爭片，《血戰大二膽》、《最長的一夜》、《八二三砲戰》等，都力圖渲染國共對峙戰爭的激烈場面。〔註48〕

當時不管是反共還是抗日，劇情多為戰爭、匪諜等，情節慘烈激情，軍人殉國、妻子等待丈夫榮歸等，感人熱淚又能夠塑造愛國情懷，在政府和媒體配合下，也有極佳效應。雖然外省族群來自四面八方，各地的語言文化並不相同；本省族群更沒有國共戰爭經驗，但是透過對於「反共」、「國族」等想像與集體記憶，終能凝聚起當時在台灣的民眾成為共同體。

## 參、台語片的崛起與意涵

1955 年麥寮拱樂社歌仔戲團團主陳澄三與何基明導演合作，拍攝該團的拿手戲《薛平貴與王寶釧》，成為二戰後第一部台語片，也開啟了由 1956 至 1981 最後一部台語片《陳三五娘》，近 20 年的台語片黃金時代。〔註49〕台語片的重要性不僅在於它是 60 年代後重要的民間活動、是國家意識形態鬥爭的場域、是電影跨國、跨境交流的產物，也在於它為台灣電影整體發展打下了

〔註47〕黃仁，《電影與政治宣傳》，頁 59。
〔註48〕黃仁，《電影與政治宣傳》，頁 59。
〔註49〕黃仁，《悲情臺語片》，頁 48。

堅實的基礎，並對當代電影產生了具體的影響。但是，在威權時代，由於主政者的意識形態影響，台語片的歷史長期被忽視，生長在這塊土地上的人們早已忘記這段豐富而重要的史蹟。〔註50〕

　　據統計，台語片的總產量將近 2000 部，產量最多時高達 1 年 120 部，但台語片長期被電影研究被忽視的理由之一，在於其劇情跟資本往往「格局過小」，換言之在台語片的眾多類型當中，產量最豐、也最為後人所知的類型，便是帶有悲情色彩、並在當時多被以「家庭倫理文藝」等關鍵字進行宣傳的通俗劇類型。〔註51〕

　　總體來看，國民政府時代的台語通俗電影，有幾項顯著的共同特色，這些特色皆與快速現代化的社會中與日俱增的城鄉差距，有十分密切的關係。〔註52〕導演梁哲夫在 1963 年拍的《台北發的早班車》與《高雄發的尾班車》正是最好的例子，假使台北與南部的空間差距─高雄是台北的鄉村對應，台灣內部的「他者」─象徵著看似難以跨越的鴻溝，唯有透過電影手段能連結兩者，展現台語通俗劇如何將現代性電影化，成為空間與時間的問題。火車和火車站在過渡期的台灣扮演了重要角色，城市再現則提供了借題發揮的場域，反映出了發展中國家裡的階級鬥爭與性別紛擾。〔註53〕許多台語片都展現出在地化的價值，希望利用在地化的影像與語言，爭取觀眾的認同，並且藉此發展本土化的影視。

　　這些電影聚焦於台灣南北發展失衡發展，鄉村與城市的差距，不只提供戲劇性場域，透過各自的空間再現（spatial representation），也彰顯了兩相差異就是衝突的關鍵來源。片中的台北，不只是台灣的政經首府，更是電影對於社會、文化想像的中心。南北發展間有著微妙卻又重大的差距。第二大城市高雄，則一貫被視為南台灣的代表。從該部電影可觀察出，早在 1960 年代，便取台北的意象作為「唯一」的都市中心，這樣的「刻板印象」及其長期影響，劃立了鄉下／城市分野的地誌（topography），並在電影再現的台灣中，創造了善惡二分。這些二元對立的混合，在許多台語通俗劇裡相當常見，並皆依循「現代化

〔註50〕李玟玟，〈影響臺灣民眾自認語言流利程度的因素研究〉（2011 年，新北），頁83。

〔註51〕李道新，〈閩南語電影的文化內涵與臺灣電影的文化多樣性〉，收錄於黃仁編，《新臺灣電影：臺語電影文化的演變與創新》（台北市：臺灣商務出版，2013年），頁 65～81。

〔註52〕陳碧秀，〈大眾記憶與歷史重述：解嚴後臺灣電影中的殖民經驗再現（1987～2011）〉（2015 年，新竹），頁 15。

〔註53〕李靖雯，〈臺語電影的文化意涵：以辛奇導演為例〉（2014 年，台南），頁 86。

是敗壞傳統的源頭、都市性（urbanity）是罪惡的中心」這樣的假設。〔註 54〕做為工業化時期的台灣，城鄉差距議題確實是當時民眾極為關心的議題，與現代不同的是，現代人多數集中在城市，不復鄉村的記憶，而當時的城市居民許多為鄉村出身的第一代，對於故鄉的緬憶也成為重要的敘事手法。

台語片透過各種美學策略和風格手法—人為重於真實—寫實主義開始凌駕於紀錄片模式，不再大量倚賴歷史遺跡等實體的真實性。〔註 55〕寫實主義以愈來愈強烈的手段，來組織時間與空間，試圖用電影來化解現代性的僵局，如此情節安排使空間、性別、經濟各方面的角力昭然若揭，台語片使得電影的重心重新回歸到人物心理刻劃面上，而非過往的電影需具有教育意義努力舒緩電影與國族間的緊張關係。〔註 56〕

## 肆、舊式本土電影修復與現代化新興本土詮釋

台灣首部 35 釐米膠片台語電影《薛平貴與王寶釧》在 1956 年上映，由陳澄三投資拍攝，邀請導演何基明執導，且由陳澄三所屬的「麥寮拱樂社」歌劇團，擔綱演出的台語黑白有聲電影。片頭演職員表配以好萊塢式的管絃樂，等到影片開始時才轉為台灣傳統戲曲的音樂，形式十分特別。片尾更有第二集的預告，劇情畫面上打上「使你感動」、「切莫錯失良機」等字樣，展現出早期台灣電影的質樸韻味。〔註 57〕

《薛平貴與王寶釧》在台北市的中央和大觀戲院聯映，3 天後，美都麗戲院（今日國賓戲院）加入聯映，一共演了 24 天，票房 30 多萬台幣在當時台灣社會引起大轟動，打破好萊塢電影與香港國語片的賣座紀錄，陳澄三與何基明又打鐵趁熱的於次年推出《薛平貴與王寶釧》的續集與第三集。〔註 58〕

---

〔註 54〕何萬順，〈臺灣華語與本土母語衝突抑或相容？〉，收錄於《海翁台語文學教學季刊》第 3 期（2009 年，台南：開朗雜誌出版），頁 26～39。

〔註 55〕黃仁，《新臺灣電影：臺語電影文化的演變與創新》（台北：臺灣商務，2013年），頁 49。

〔註 56〕李洋，〈由「閩南語熱」觀「新臺灣電影」—以《海角七號》和《雞排英雄》為例〉，收錄於黃仁編，《新臺灣電影：臺語電影文化的演變與創新》（台北：臺灣商務，2013 年），頁 44～51。

〔註 57〕廖金鳳，《消逝的影像：臺語片的電影再現與文化認同》（台北：遠流出版，2001 年），頁 130。

〔註 58〕周學麟，〈年輕中國之所在—管窺好萊塢陰影下的臺灣電影〉，收錄於孫紹誼、聶偉主編，《歷史光譜與文化地形—跨國語境中的好萊塢和華語電影》，（桂林：廣西師範大學出版社，2012 年），頁 333～343。

　　當年標榜「正宗台語」電影，引來一窩風的台語歌仔戲跟拍風，多少也反映 1949 年國府統治後台灣人，尤其是中南部與中下階層觀眾，在鬱悶的國共對峙與美蘇冷戰局勢中，找到了終能引起共鳴的本土電影文化。〔註 59〕但在過去 50 幾年，這 3 部歌仔戲電影普遍被認為早已因時代變遷而永遠佚失。多年來，台灣對於該片的研究只能參考一些片段與零碎的文字資料，鮮少有人看過影片，一直是相關研究人員的遺憾。〔註 60〕

　　2013 年 11 月 7 號國立台南藝術大學音像紀錄與影像維護研究所，由所長蔡慶同、計畫主持人井迎瑞、協同主持人曾吉賢、以及數位修復師王明山，團隊在苗栗歇業老戲院與資深放映師中，找到了該片拷貝，當時出土時拷貝狀況並不佳，出土時已有多處出現酸化、變形、甚至斷片，有部分片段更是因底片斷裂而只剩下一半寬度的畫片，拷貝本身也因當時技術水準不足，而有多處沖印瑕疵，而團隊則是透過現代電影修復技術，去除底片上的油汙與放映髒點，同時，該所添購的數位修復軟硬體也已經到位，把已經酸化、破裂及燒焦的拷貝重新整理及修復。負責進行訪問的曾吉賢教授回憶，當時他看到生鏽的鐵盒上貼著「王寶劍」三字時，還不知道裡面裝的是什麼台語電影，等到他回去整理文物時，才發現其中一個影格上有著「打破票房紀錄」的字樣，心中才暗暗驚喜，等到技術人員確定拾獲的就是《薛平貴與王寶釧》三集完整的拷貝時，更是感到熱血沸騰。〔註 51〕

　　音像紀錄與影像維護研究所師生尋獲台灣電影史上開啟台語片風潮之作《薛平貴與王寶釧》的電影拷貝後，攜手正式對外公布，讓昔日名片得能重現銀幕於 2014 年 1 月 19 日，光點台北舉行記者會映演一場，觀眾有 200 多人。1956 年呂訴上把《薛平貴與王寶釧》歸類為帶動台語電影風潮的第一部作品，但目前的《薛平貴與王寶釧》卻是客語版本，這或許與國立台南藝術大學找到的拷貝從苗栗現身有關，卻透露著當時出品該片的成功影業社有著「分眾」市場的行銷策略，講台語人多的城市，就看台語版；客語城鄉，就看客語版。〔註 52〕可見當時影片行銷就已經利用族群區隔，達到銷售的目的，

〔註 59〕施正鋒，《各國語言政策：多元文化與族群平等》（台北：前衛，2002 年），頁 88。
〔註 60〕廖金鳳，《消逝的影像：臺語片的電影再現與文化認同》頁 80。
〔註 51〕陳飛寶，〈新型閩南電影文化及其產業鍊的構想〉，黃仁編，《新臺灣電影：臺語電影文化的演變與創新》（台北：臺灣商務，2013 年），頁 82～97。
〔註 52〕王宜燕，〈閱聽人研究實踐轉向理論初探〉，《新聞學研究》113 期（2012 年，台北：政治大學新聞學系出版），頁 39～76。

並不單純只是爲了推廣台語的本土意識。

《薛平貴與王寶釧》「客語版」的拷貝，揭開台灣電影史所忽略的領域，客家文化工作者鍾永豐表示，「這部珍貴拷貝可能指出了幾個當年重要的文化面相。第一，由配音、配唱可看出當年台語片可能有意經營客家族群的市場，而閩客間的文化隔閡也可能不像現在想像的那麼涇渭分明；第二，片中配唱的使用的均爲客家戲曲曲調，包括『山歌』、『八音』、『大戲』等體裁，而大戲與歌仔戲同屬北管系統，歌謠皆爲 7 字，使得這部電影在閩客文化之間的轉換更是減去一層隔閡，他更指出，配唱的大戲班在唱腔中帶有一些『江湖味』，與一般客家戲班唱腔不同，他研判此一戲班可能不只唱客家大戲，也可能會在閩南族群地區演出歌仔戲，因而唱腔之中便帶有歌仔戲的韻味。而客語配音所使用的是『四縣腔』，也顯示了當時在竹苗客家族群流行文化中，是以四縣腔爲主流。」〔註53〕也可以瞭解，做爲影視史學一環的影片，出土後的歷史詮釋，並不著限於影片內容本身，環境、語言都是影視史學得以研究的範疇。

同樣於 2013 年重返螢幕的《阿嬤的夢中情人》，也喚醒過去台語片輝煌時代的記憶，爲年輕觀眾重現當年台語片盛行的光景，更讓甫結束的桃園電影節安排了《第七號女間諜》的放映，讓觀眾實地感受當年台語片的風貌，但台灣在 1950～1970 間生產了約 1200 部台語片，至今卻只留下了 200 部作品，過去許多影片佚失，如今只能依靠文字記載和上一輩的回憶來拼湊台語片的回憶。〔註54〕

## 第四節　小結

電影是科技的產物，但是內容卻是文化本身的蘊藏，現代國家的電影產業也多半與其現代化同步發展，台灣本當如此，但台灣電影史的開端是來自於日本在台殖民史的操作，充滿歷史無奈感。日治時期、國民政府統治兩時期，官方政府透過電影爲載體，達到政策宣傳與集權統治的效果；但當電影逐漸走進市民社會後，隨著觀眾對於電影的娛樂效果需求增加，電影的角色逐漸開始變化，開始呈現出台灣本土人民特有悲情與娛樂的色彩，電影逐漸擺脫過往兩大殖民時期政治宣傳的功能，但是卻仍承載著集體記憶的商業目標。

---

〔註53〕林于茜，〈民眾日常使用語言與政黨認同關聯之研究〉（2012 年，新北），頁 62。
〔註54〕陳飛寶，〈新型閩南電影文化及其產業鍊的構想〉，頁 82～97。

在管制時期發行的電影或紀錄片，絕多數帶有多重宣傳的功能，將視覺圖像與影音刺激作為宣傳的載體，也因此，在電影劇情內容、與影音搭配設計安排上，就有代表臺灣意象的自然景觀、特有物產、原住民與風俗，和當時日治時期治理的總督或民政長官等政治人物肖像，以及現代化建設等攝影圖像或手繪圖像的融合式設計。在畫面編排形式上多採用實際攝影照片，增加畫面趣味變化，並藉由電影強調總督府企圖要傳達的訊息。整體編輯不外乎想要顯露出「熱帶與原始意象」、「新與舊對照的現代性彰顯」，以及「統治功勞者」與「治理成果」等之傳遞訊息的多重意涵，但卻又充分發揮電影作為執政者具有政治目的推廣宣導工具的意圖。

台灣電影伴隨著殖民者的施政策略，以及都市商業活動而發展，它從日本傳入台灣之際，正值全球性的民族主義與文化思潮，並進入所謂「大正民主」時期。在日治時期，從《台灣實況介紹》、《天皇登基大典》到《南進台灣》之製成，主要原因大概是希望這些影片能讓日本母國了解台灣這個「世界上最模範的殖民地」，顯然當時在台灣的日本人對母國人民不欲去了解台灣原始的生活文化與生態，連由漢人反抗軍所組成的「土匪」和未歸順的原住民所組成的「生蕃」都分不清楚，感到十分懊惱。所以期望能夠透過這些政治宣傳片，可以向母國介紹台灣文化如何發達、政治設施如何完善、台灣漢人風俗如何被改善、有什麼殖民產物、工業發達的情況如何.......等等，便被寄予厚望。〔註55〕

從日治時期所製成的這些影片，可以瞭解當時日本帝國如何日益控制電影的生產，並且以之作為意識型態與政治宣傳的工具；就紀實的形式而言，它透過再現真實的影像與全知客觀的旁白，發揮著「眼見為憑」的說服力量，就南進的視角而言，它透過南進的方向與空間的想像關係，不斷定義了殖民者與被殖民者之間的權力關係，就環島的觀看而言，它總是將被選擇的真實去脈絡化並重新組合，以建構再脈絡化之後的帝國觀點。電影作為新興的影像媒介，原是台灣總督府用來宣傳現代文明與帝國精神的工具，卻也間接開擴了殖民地的國際視野與民族精神。〔註56〕

〔註55〕陳雪雲，〈媒介與我：閱聽人研究回顧與展望〉，翁秀琪主編，《臺灣傳播學的想像（上冊）》（台北市：巨流，2004 年）頁 305～345。

〔註56〕哲生博客，〈1940 日本政治宣傳紀錄片《南進台灣》〉，網址：http://jasonblog.tw/2014/01/1940-japan-southward-invasion-to-taiwan-documentary.html，擷取日期：2018 年 1 月 31 日。

　　數十年來的變化，日治時期與台灣有關的影片大多散佚，僅少部分獲得保存，殊爲可惜，因爲電影不僅是藝術、產業，也是寶貴的資產。除了紀錄片、教育片傳達豐富的人文資訊，劇情片的生活場景、街道景觀、人物衣著、動作、語言也經常反映時代環境與文化觀念，電影史料的散佚，也是集體情感與共同記憶的流失。

　　就國族認同而言，語言是一種「高度」，和電影廣角視角的實際「高度」一樣，在黨國專政獨裁體制下都遭箝制與利用，前者緣於戒嚴政治的獨尊「國語」政策，後者則因爲戒嚴時期活動和相關影像呈現嚴格受限，台灣人遙想、遙望、遙祭的是「神州」錦繡山河，卻毫無心思一窺家園土地的整體風貌。從 50 年代以後由國民政府出資所拍攝之陸續幾部電影，如《惡夢初醒》、《永不分離》、《皆大歡喜》等皆是黨國宣傳工具下，一種塑造漢民族文化認同與推動反共意識的政治宣傳工具。〔註 57〕

　　60 年代以後的台語片崛起，則可以視爲長期壓制狀態下的反撲，都是一統台灣國民意識觀感的起點。電影作爲大眾文化載體凝聚台灣人的共同價值和情感，人們可以通過電影這一載體，透視台灣人的國族想像——電影可以感性，可以軟弱，可以悲情，電影提供一個或許殘缺、或許平淺、或許從俗的台灣圖像與故事，並不妨礙其深化爲台灣國族建構的透徹洞見。〔註 58〕

　　學者張玉珮認爲，過去的詩歌與現代的電影同樣作爲傳播的載體，承載著人們的集體記憶…電影這一大眾文化載體可以說是凝聚了台灣人的共同價值和情感…人們也可以通過電影這一載體，透視台灣人的國族想像。電影中的台灣符號養份，描述了那些深深破壞台灣山水、和語言生態的政經結構有多深，深深憐惜台灣身世的悲情就有多悲，這樣的悲情或許無法立即回復環境和文化正義，卻蓄積著回復本土意識覺醒的能量。〔註 59〕這樣的觀點可以說是從上古的詩歌延伸到現代的電影，將詩歌與電影的大眾文化，透過文化工業的方式進行連結。

---

〔註 57〕野島剛，《銀幕上的新臺灣：新世界臺灣電影裡的臺灣》（台北市：聯經出版，2015 年），頁 61。

〔註 58〕井迎瑞，〈第一屆閩南文化影展及論壇序言〉，黃仁編，《新臺灣電影：臺語電影文化的演變與創新》（台北：臺灣商務，2013 年），頁 58～64。

〔註 59〕張玉珮，〈九〇年代初期臺灣電影的社會文化意涵〉，劉現成編，《中國電影：歷史、文化與再現海峽兩岸暨香港電影發展與文化變遷研討會論文集》（台北縣：臺北市中國電影史料研究會、中華民國視覺傳播藝術學會，1995 年），頁 245～270。

　　約翰‧洛克（John Locke，1632～1704）認為記憶是個人身分在時間中的延伸。記憶具有喚回過去，達到時間連續的效果，反思過去經驗讓人產生一種「自我性」。〔註60〕隨著電影走入商業市場，政治宣傳的功用逐漸喪失，對於集體記憶的塑造，也轉向票房的考量，這也是哈布瓦赫說的集體記憶的「功能性」，其中對於 1990 年代集體記憶的塑造，最為成功的兩部商業電影《那些年，我們一起追的女孩》、《我的少女時代》，也成為研究後現代集體記憶的重要文本。

---

〔註60〕利科（Paul Ricoeur），綦甲福、李春秋譯，《過去之謎》（山東：山東大學出版，
　　　　2009 年），頁 37。

# 第五章　電影與集體記憶的塑造：以《那些年，我們一起追的女孩為例》

## 第一節　文本概述及代表性

　　「影視史學」是以電影、紀錄片、圖像史料都是其中重要的文本來源，也是歷史研究的素材，影視史學本身並不侷限在歷史戲劇，更廣泛的是指向時代的文化及影視產品，在時代脈絡下推出的影視文本，爲何能夠在特定時空中獲得大眾賞析，或是文本創作者／編劇／導演所希望傳達出的意義，都是值得研究的環節。

　　當歷史學關注的影視史學開始走入大眾，結合「文化工業」的概念，塑造集體記憶成爲文化工業的重要象徵，影視史學關注不再只是狹隘的紀錄片類型，走向大眾傳播的賣座電影等，代表著跨學門的研究取向，也成爲歷史學門研究的新趨勢。

　　以電影《那些年，我們一起追的女孩》作爲主要分析文本，因爲電影主角及劇本設定，以 1990 年代爲背景，成爲台灣現今重要「集體記憶」的光榮年代，成爲台灣票房／成本效益最好的作品之一。

表 5-1　電影《那些年，我們一起追的女孩》資料

| 片名 | 《那些年，我們一起追的女孩》 |
|---|---|
| 英文片名 | You're The Apple Of My Eye |

| 上映日期（台灣） | 2011 年 6 月 25 日（臺北電影節）<br>2011 年 8 月 19 日（臺灣） |
|---|---|
| 上映廳數 | 65 |
| 分級 | 輔導級 |
| 票房 | 總票房（臺灣＋海外）：新臺幣 12 億元<br>台北票房：181,604,478 |
| 成本 | 新臺幣 5000 萬元 |
| 類型 | 愛情、喜劇 |
| 片長 | 110 分鐘 |
| 時代背景 | 1994 年代的彰化縣 |
| 主題曲 | 那些年 |
| 主要取景地點 | 彰化縣私立精誠高級中學 |
| 政府補助 | 彰化縣政府補助 200 萬元 |
| 導演 | 柴智屏、崔震東 |
| 編劇 | 九把刀 |
| 製作人 | 童思玫 |
| 主演明星 | 柯震東、陳妍希、莊濠全、郝劭文、蔡昌憲、彎彎、鄢勝宇 |
| 發行公司 | 二十世紀福斯、群星瑞智 |
| 粉絲專頁人數<br>統計至 2018/4/6 | 1,224,372 人說讚，1,186,346 人追蹤 |
| 粉絲專頁成立日期 | 2011 年 5 月 16 日 |

　　《那些年，我們一起追的女孩》是一部於 2011 年上映的臺灣青春愛情片，改編自作家九把刀撰寫的半自傳同名小說《那些年，我們一起追的女孩》，也是九把刀首次執導的電影作品。電影男主角由柯震東飾演、喜歡惡作劇的調皮學生柯景騰，女主角則是陳妍希飾演、受班上男生喜歡的優秀女學生沈佳宜。電影拍攝的地點大都選在彰化縣，主要場景包括九把刀就讀的精誠高中。

　　2011 年 6 月 25 日，《那些年，我們一起追的女孩》首次在第 13 屆臺北電影節播映，並獲得臺北電影節國際青年導演競賽的觀眾票選獎，也吸引美國、澳洲、韓國等國家接洽版權。隨著同年 8 月 19 日於臺灣各家電影院上映後，

這部電影之後接連在澳門、香港、新加坡、馬來西亞、中國大陸、韓國、日本等地上映。其中在 2012 年 8 月 23 日於韓國上映時，成為繼《不能說的・秘密》、《聽說》這兩部電影後，第三部在韓國放映的臺灣電影。

《那些年，我們一起追的女孩》在臺灣獲得許多電影評論人的歡迎，並在臺灣、香港和新加坡創下電影票房紀錄。這部電影獲選為 2011 年香港夏日國際電影節的開幕電影，並成為香港華語電影史上最賣座的電影作品，直到 2016 年被港片《寒戰 2》取代。

《那些年，我們一起追的女孩》擁有極佳票房成績，得獎紀錄也很輝煌，在第 13 屆台北電影節國際青年導演競賽中獲得「觀眾票選獎」，並在第 48 屆金馬獎中獲得 4 項提名，新人柯震東抱回最佳新演員獎，及獲得第 31 屆香港電影金像獎最佳兩岸華語電影、第 6 屆亞洲電影大獎入圍的最佳女主角及最佳新演員獎，更代表台灣角逐第 24 屆東京國際影展「最佳亞洲片」的獎項，是 2011 年電影的代表之一。

九把刀創作電影主題曲《那些年》的歌詞，並交由日本作曲家木村充利作曲、歌手胡夏演唱；這首歌後來獲得許多民眾的喜愛，並在第 48 屆金馬獎被提名為最佳原創電影音樂。

《那些年，我們一起追的女孩》之所以具有代表性的原因，從表 4-2 來看，是台灣賣座電影的第 22 名、國片賣座史上第 4 名。誠然賣座片未必等同研究價值，但賣座片代表接觸的閱聽人數眾多，對於集體記憶與文化創意產業的產值也相對有價值，因此特別以此為研究標的。

表 5-2　台灣歷來賣座電影排行

| 排名 | 電影名稱 | 年份 | 票房 | 國別 | 發行商 | 導演 |
|---|---|---|---|---|---|---|
| 1 | 阿凡達（Avatar） | 2009 年 | 11.0 億 | 美國 | 福斯 | 詹姆斯・卡麥隆 |
| 2 | 侏羅紀世界（Jurassic World） | 2015 年 | 8.27 億 | 美國 | UIP | 柯林・崔佛洛 |
| 3 | 玩命關頭 7（Fast And Furious 7） | 2015 年 | 8.2 億 | 美國 | UIP | 溫子仁 |
| 4 | 鐵達尼號（Titanic） | 1997 年 | 7.89 億 | 美國 | 福斯 | 詹姆斯・卡麥隆 |

| 5 | 變形金剛 3 （Transformers： Dark of the Moon） | 2011 年 | 7.62 億 | 美國 | UIP | 麥可貝 |
|---|---|---|---|---|---|---|
| 6 | 玩命關頭 8 （Fast And Furious 8） | 2017 年 | 6.5 億 | 美國 | UIP | 蓋瑞‧葛雷 |
| 7 | 變形金剛 4：絕跡重生 （Transformers: Age of Extinction） | 2014 年 | 6.2 億 | 美國 | UIP | 麥可貝 |
| 8 | 鋼鐵人 3 （Iron Man 3） | 2013 年 | 6.05 億 | 美國 | 博偉 | 沙恩‧布萊克 |
| 9 | 復仇者聯盟 （Marvel's The Avengers） | 2012 年 | 6.0 億 | 美國 | 博偉 | 喬斯‧溫登 |
| 10 | 變形金剛：復仇之戰 （Transformers： Revenge of the Fallen） | 2009 年 | 5.7 億 | 美國 | UIP | 麥可貝 |
| 11 | 復仇者聯盟 2：奧創紀元 （The Avengers: Age of Ultron） | 2015 年 | 5.65 億 | 美國 | 博偉 | 喬斯‧溫登 |
| 12 | 少年 Pi 的奇幻漂流 （Life of Pi） | 2012 年 | 5.5 億 | 美國 | 福斯 | 李安 |
| 13 | 美國隊長 3：英雄內戰 （Captain America: Civil War） | 2016 年 | 5.31 億 | 美國 | 博偉 | 羅素兄弟 |
| 14 | 海角七號 （Cape No.7） | 2008 年 | 5.3 億 | 臺灣 | 博偉 | 魏德聖 |
| 15 | 與神同行 （Along With the Gods: The Two Worlds） | 2017 年 | 5.11 億 | 韓國 | 采昌 | 金容華 |
| 16 | 玩命關頭 6 （Fast & Furious 6） | 2013 年 | 4.8 億 | 美國 | UIP | 林詣彬 |
| 17 | 賽德克‧巴萊（上）：太陽旗 （Seediq Bale） | 2011 年 | 4.72 億 | 臺灣 | 威視 | 魏德聖 |
| 18 | 侏羅紀公園 （Jurassic Park） | 1993 年 | 4.6 億 | 美國 | UIP | 史蒂芬‧史匹柏 |
| 19 | 2012 （2012） | 2009 年 | 4.5 億 | 美國 | 博偉 | 羅蘭艾姆立克 |
| 20 | 大尾鱸鰻 （David Loman） | 2013 年 | 4.3 億 | 臺灣 | 華納 | 邱瓈寬 |

| 20 | 侏羅紀公園：失落的世界<br>（The Lost World: Jurassic Park） | 1997 年 | 4.3 億 | 美國 | 環球 | 史蒂芬・史匹柏 |
|---|---|---|---|---|---|---|
| 22 | 那些年，我們一起追的女孩<br>（You Are the Apple of My Eye） | 2011 年 | 4.25 億 | 臺灣 | 福斯 | 九把刀 |
| 23 | 惡棍英雄：死侍<br>（Deadpool） | 2016 年 | 4.2 億 | 美國 | 福斯 | 提姆・米勒 |
| 24 | 我的少女時代<br>（Our Times） | 2015 年 | 4.1 億 | 臺灣 | 華聯 | 陳玉珊 |
| 24 | 不可能的任務：失控國度<br>（Mission: Impossible – Rogue Nation） | 2015 年 | 4.1 億 | 美國 | UIP | 克里斯多福・麥奎里 |
| 26 | 魔戒三部曲：王者再臨<br>（The Lord of the Rings: The Return of the King） | 2003 年 | 4.0 億 | 美國 | 中環 | 彼得・傑克森 |
| 27 | 露西<br>（Lucy） | 2014 年 | 3.8 億 | 法國 | UIP | 盧・貝松 |
| 28 | 屍速列車<br>（Train To Busan） | 2016 年 | 3.76 億 | 韓國 | 車庫 | 延尙昊 |
| 29 | 變形金剛<br>（Transformers） | 2007 年 | 3.75 億 | 美國 | UIP | 麥可・貝 |
| 30 | 黑豹<br>（Black Panther） | 2018 年 | 3.7 億 | 美國 | 博偉 | 瑞恩・庫格勒 |

　　從表 5-3 來看，國片賣座的 2、3、4 名，片中年代都是 1990 年代，由票房／成本比，國片賣座排名第一的《海角七號》以 4.64 的效益遙遙領先，其次是《那些年，我們一起追的女孩》的 3.63、《我的少女時代》的 1.86、《大尾鱸鰻》的 1.52、《賽德克巴萊（上）：太陽旗》的 1.05。甚至可以說，《賽德克巴萊（上）：太陽旗》在扣除高昂的製作成本後，票房盈餘所剩無幾，遠不若前幾部的效益。

表 5-3　2000～2017 國片台北票房排行

| 排名 | 電影 | 片中年代 | 累積票房 | 製作預算 | 票房／成本比 |
|---|---|---|---|---|---|
| 1 | 海角七號 | 2005 年左右 | 232,326,877 | 5,000 萬元 | 4.64 |

| 2 | 那些年，我們一起追的女孩 | 1994 | 181,604,478 | 5,000 萬元 | 3.63 |
| 3 | 我的少女時代 | 1990 年代 | 158,731,830 | 8,500 萬元 | 1.86 |
| 4 | 大尾鱸鰻 | 1990 年代 | 122,034,351 | 8,000 萬元 | 1.52 |
| 5 | 賽德克巴萊（上）：太陽旗 | 1930 | 上集約上集3.7 億元 | 賽德克巴萊（上）、（下）合計新台幣7～7.5 億元 | 1.05 |

註一：電影票房來源：電影觀測站（2016～2017）、財團法人國家電影中心（2000～2015）。

註二：灰底為國片

　　《那些年，我們一起追的女孩》靠每間戲院 3 場的口碑場（全台單天 200 場次），3 天內台匀進帳 557 萬，全台票房 1287 萬，﹝註1﹞ 創下電影未正式上映，口碑場票房破千萬的國片影史紀錄。

　　票房永遠不能說明品質，尤其當電影到達一定的票房數值的時候，藝術品質退為其次，它的社會意義，文化現象超過其它。」﹝註2﹞ 綜上所述，從賣座及劇情內容的分析，《那些年，我們一起追的女孩》擁有極高的綜效，因此希望能夠藉由此文本的研究，找出關於集體記憶的脈絡。

　　根據新聞局所發表的〈電影產業旗艦計畫〉執行成果報告指出，2011 年是台灣國片電影 20 年來最繁榮的一年，題材多元，質量俱佳，且國片的觀影人數呈倍數成長，約達 600 萬人次，是 2010 年的 3.15 倍。2011 年全台灣票房總金額約為新臺幣 15 億元，而放映的 36 部國片之中，有《雞排英雄》、《那些年，我們一起追的女孩》、《賽德克巴萊—太陽旗》和《賽德克巴萊—彩虹橋》等 4 部電影超過億萬票房。2012 年台灣國片電影市場占有率高達 17.5%，為 2010 年 7.31%的 2.4 倍，顯示國片已逐漸贏得觀眾的認同。﹝註3﹞

　　從表 5-4 來看，2011 年可以說是國片復興的一年，是自 1990 年以來，首次單一年度國片佔據票房前十名中的 3 名，顯示國片的質量與數量均有相當大的提升，《那些年，我們一起追的女孩》也是排名於該年度第 3 名的票房表現。

---

﹝註1﹞ 江芷稜，〈打賭《那些年》票房贏黎智英 九把刀討全版廣告〉，《中國時報》2011 年 8 月 20 日報導，D2 版。

﹝註2﹞ 《電影藝術》，第 324 期，（2009），第一期，《華語大片時期的新青年電影—第三屆華語青年影像論壇言論集》頁 15～16。

﹝註3﹞ 張德厚，〈新聞局：去年 4 國片票房破億 20 年來最繁榮〉，《中央廣播電台》2012 年 5 月 3 日報導，取自 http://news.rti.org.tw/index_newsContent.aspx?nid=353323&id=5&id2=1。

表5-4　2011年臺北市票房前十大賣座片〔註4〕

| 排名 | 片名 | 發行商 | 國別 | 上映日期 | 票房 |
|---|---|---|---|---|---|
| 1 | 變形金剛3 | 派拉蒙 | 美國 | 100/06/28 | 328,741,433 |
| 2 | 賽德克巴萊（上）太陽旗 | 中藝 | 臺灣 | 100/09/09 | 198,191,442 |
| 3 | 那些年，我們一起追的女孩 | 福斯 | 臺灣 | 100/08/06 | 181,099,534 |
| 4 | 玩命關頭5 | 環球 | 美國 | 100/05/05 | 150,385,852 |
| 5 | 哈利波特：死神的聖物2 | 華納 | 美國 | 100/07/14 | 135,960,477 |
| 6 | 賽德克巴萊（下）彩虹橋 | 中藝 | 臺灣 | 100/09/30 | 134,970,699 |
| 7 | 鋼鐵擂台 | 博偉 | 美國 | 100/10/07 | 122,150,254 |
| 8 | 不可能的任務：鬼影行動 | 派拉蒙 | 美國 | 100/12/15 | 115,306,880 |
| 9 | 3D神鬼奇航：幽靈海 | 博偉 | 美國 | 100/05/18 | 112,483,644 |
| 10 | 雷神索爾 | 派拉蒙 | 美國 | 100/04/29 | 85,673,586 |

註一：資料來源：臺北市影片商業同業公會
註二：灰底爲國片

　　從表5-5來看，2011年國片累積票房第一名及第三名分別爲《賽德克‧巴萊－太陽旗》及《賽德克‧巴萊－彩虹橋》，其成功因素除爲大型製作外，在明星導演魏德聖效應及挺國片風潮下，《賽德克‧巴萊》整合行銷資源，更建立異業結合的行銷模式，成爲史上最快破億的國片。第二名《那些年，我們一起追的女孩》則結合國內藝人經紀及流行音樂產業，透過口碑場的行銷效應，造就1億8,109萬元的大臺北票房。〔註5〕

表5-5　2011年國片臺北市票房〔註6〕

| 排名 | 片名 | 發行公司 | 類型 | 票房 |
|---|---|---|---|---|
| 1 | 賽德克‧巴萊（上）太陽旗 | 中藝 | 劇情片 | 198,191,442 |
| 2 | 那些年，我們一起追的女孩 | 福斯 | 劇情片 | 181,099,534 |
| 3 | 賽德克‧巴萊（下）彩虹橋 | 中藝 | 劇情片 | 134,970,699 |
| 4 | 雞排英雄 | 青睞 | 劇情片 | 51,405,965 |
| 5 | 翻滾吧！阿信 | 影一 | 劇情片 | 37,730,018 |

〔註4〕文化部，《2010影視產業趨勢研究調查報告》（台北：文化部，2013年），頁12～13。
〔註5〕文化部，《2010影視產業趨勢研究調查報告》（台北：文化部，2013年），頁12～13。
〔註6〕文化部，《2010影視產業趨勢研究調查報告》（台北：文化部，2013年），頁13。

| 6 | 殺手歐陽盆栽 | 博偉 | 劇情片 | 20,285,974 |
| 7 | 五月天追夢 3DNA | 得藝 | 劇情片 | 19,596,095 |
| 8 | 命運化妝師 | 穀得 | 劇情片 | 10,245,045 |
| 9 | 帶一片風景走 | 好孩子 | 劇情片 | 6,064,291 |
| 10 | 牽阮的手 | 牽猴子 | 紀錄片 | 4,556,541 |

註一：資料來源：臺北市影片商業同業公會

　　從表 5-6 來看，以製作成本來看，2011 年國片平均製作成本為 4791.26 萬元，屬於 6 千萬以下小型製作成本，若扣除旗艦型、策略型及合拍國片，平均每部國片製作金額則為 2064.33 萬元。整體投資比重落在製作與拍攝階段，占製作流程的 63%，後製階段占 30%，開發階段則占 7%。製作及拍攝階段又以現場拍攝之人事費用開銷比重 23% 最高，硬體及設備費用則占 20%。《那些年，我們一起追的女孩》製作成本 5000 萬元，僅比平均成本的 4791 萬元略高；台灣人事費 23% 比起好萊塢動輒 50% 的明星成本相較低廉許多，加上《那些年，我們一起追的女孩》劇中明星均非一線紅星，人事成本也相對省下許多，其實所花的成本並不高，反應在票房上卻是極大的成功，在商業操作上也是特殊的典範。

表 5-6　2005 年至 2011 年國片細部成本結構〔註7〕

| 時間 | 2005 年～2009 年 | 2010 年 | | | 2011 年 | |
|---|---|---|---|---|---|---|
| 平均製作成本（萬元） | 1,462 | 2,763 1,377 | | | 4,791 2,064 | |
| 製作流程 | | 比重 | | | | |
| 開發 | 故事版權／編劇費用 | 8% | 8% | 3% | 3% | 7% | 7% |
| 製作與拍攝 | 現場拍攝人事費用 | 61% | 29% | 74% | 49% | 63% | 23% |
| | 硬體及設備費用 | | 14% | | 11% | | 20% |
| | 服裝及道具費用 | | 10% | | 5% | | 6% |
| | 製作期間雜支費用 | | 8% | | 9% | | 14% |
| 後製 | 沖印、剪輯及錄音費用 | 31% | 25% | 23% | 18% | 30% | 27% |
| | 後製期間雜支 | | 6% | | 5% | | 3% |
| 總計 | | | 100% | 100% | 100% | 100% | 100% |

註一：資料來源：臺灣經濟研究院整理

註二：全部國片平均製作成本統計數據；2.排除旗艦型國片；3.排除旗艦、策略型及合拍國片

〔註7〕 文化部，《2010 影視產業趨勢研究調查報告》（台北：文化部，2013 年），頁 14。

2012 年 3 月《那些年，我們一起追的女孩》在衛視電影台播出，《那些年》創下 4 歲以上人均收視率 6.61，超越「雞排英雄」的 3.48、「海角七號」的 3.50、「阿凡達」的 3.4。〔註8〕顯示《那些年，我們一起追的女孩》旋風的影響力。

根據行政院新聞局電影事業處的統計，截至 2012 年 5 月止，共有電影片製作業 1034 家，電影片發行業 1761 家，電影工業 125 家，較 2002 年的電影片製作業多了 585 家，電影片發行業增加了 656 家，電影工業則多出了 102 家。無論是在電影片製作業、電影片發行業或是電影工業上，都有逐年擴增的趨勢；但相對在電影片映演業的部分，無論是在家數或廳數上都呈現逐年減少的現象，可能是和外商引進複合式影城，以及結合商圈與百貨公司等，擴大影廳整體空間及增添設計感，或改變售票方式等諸多因素，吸引了不少愛看電影的族群前往新興影城，而讓原本的一些老式電影院，面臨經營上的困難，最終走向歇業一途。〔註9〕

從表 5-7 來看，2011 年也是電影產業逐漸拉升的一年，《那些年，我們一起追的女孩》能夠有此成績，也能夠代表其影史意義。

表 5-7　2005 年至 2011 年國片細部成本結構

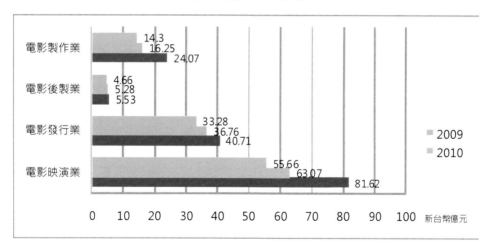

資料來源：臺灣經濟研究院整理

---

〔註8〕王雅蘭，〈收視飆贏海角 300 萬人搶看 那些年稱冠電影台〉，《聯合報》2012 年 3 月 27 日，影視消費 C 版。

〔註9〕鄭雯婷，〈2011 年台灣國片之電影行銷研究—以【那些年，我們一起追的女孩】為例〉（新北：國立臺灣藝術大學廣播與電視學系應用媒體藝術碩士班碩士學位論文），頁 3。

## 第二節　《那些年，我們一起追的女孩》與集體記憶

　　《那些年，我們一起追的女孩》藉由承載共同記憶的事物、不斷交錯的時間與空間，創造出貼近日常生活的人物、情節與空間，藉由 1990 年代音樂、電視節目、NBA 等，融入故事的情節中，透過人物間的互動與對比，使閱讀人易於回憶起共同的記憶。

　　在導演九把刀的深度訪談中，《那些年，我們一起追的女孩》的市場定位是有所區隔：

> 我有區隔，但我的區隔基本上讓所有人都跳起來，因為我講說這個青春片是打手槍的，跟其它的青春片最大的不一樣，是我的青春是不憂鬱的，不深沉的，然後它有很多有趣又是膚淺的，因為這是我對青春的認識，我想要在第一個預告封跟所有的人講這件事情（九把刀，深度訪談，2012 年 2 月 29 日）。〔註10〕

這種區隔並不是設定少女少男的觀眾族群，而是對於 1990 年代生活、音樂、文化、影視作品有著共鳴的群體。

　　另外，在鄭雯婷的碩士論文〈2011 年台灣國片之電影行銷研究──以【那些年，我們一起追的女孩】為例〉中訪談，美商二十世紀福斯影片公司資深行銷經理 Cherry 提到，在做電影行銷規劃時，將《那些年，我們一起追的女孩》的目標市場劃分為兩大年齡區塊，一群是 18～24 歲的年輕人，另外一群是 30 歲到 40 歲中間上班族：

> 目標群眾主要有兩群，一群對是年輕人，18～24 歲的年輕人，他們是現在最主要的 movie goer，但是其實這部電影更重要的一群人，是會讓他想起年輕那一段生活、記憶的人，為了要喚起那一群人他們的感動，滿著重在對這些人的試片，對是年紀 30 歲以上，到也許 40 歲中間的上班族，但不是剛出社會的年輕人，而是已經有一些年紀的。（Cherry，深度訪談，2012 年 5 月 11 日）。〔註11〕

由此可見，《那些年，我們一起追的女孩》的設定，並非是傳統青春少年少女，

---

〔註10〕鄭雯婷，〈2011 年台灣國片之電影行銷研究─以【那些年，我們一起追的女孩】為例〉（新北：國立臺灣藝術大學廣播與電視學系應用媒體藝術碩士班碩士學位論文），頁 62～63。

〔註11〕鄭雯婷，〈2011 年台灣國片之電影行銷研究─以【那些年，我們一起追的女孩】為例〉（新北：國立臺灣藝術大學廣播與電視學系應用媒體藝術碩士班碩士學位論文），頁 63。

而另一部份是票房市場主力的 30～40 歲群體，而這些群體都是在青春時期經歷過 1990 年代的成長期，影片中的故事未必與其記憶相同，但是創造出的意像，確實是足以勾勒出對 1990 年代的緬懷。

李爾登（Reardon）與羅傑斯（Rogers）認爲能影響大眾的中介訊息，就能被稱爲大眾傳播。包含了報紙、雜誌、廣播、電視等傳播媒介，亦囊括了衛星電視、視訊、數位化資訊系統，網路等傳播科技，所以只要是媒體與大眾間的互動都算是大眾傳播的範疇。〔註 12〕因此電影本身傳遞出的訊息，不僅只是劇情本身，也是時代意義下的產生。

對於過去的追尋，一直集體記憶重要的研究項目。「人腦就像個檔案櫃一樣，將自我需要的資訊或是記憶儲存在腦中，按照自我的意識進行建檔及重整工作，透過回憶的方式將記憶中的資訊重新浮現，這就是懷舊的前置情緒，記憶保存在腦海裡，而這些復古物件對於收藏者而言就像個關鍵字，在這氛圍之中沉浸於回憶的思緒中，將童年的生活經驗或是長輩相處的依存關係，好像昨日情景重現一樣，懷舊成爲一種符號，重新中找尋著存在的意義及每個物件都有存在的價值，強化了自己的存在。」〔註 13〕這種符號不斷地在影片中再現，反覆地提出。

研究九把刀《那些年，我們一起追的女孩》的小說論述，學者柯品文認爲：

九把刀《那些年，我們一起追的女孩》這部小說愛情模式的操作是採純愛式的「校園風」、「國中生／高中生／大學生」的青少年到少年的青春戀愛題材、「冰菓店／撞球間／小吃店／大學宿舍」等年輕人聚集約會地點、「一男對多男」之間求愛的競爭、「純情男／搞笑男／鬥志男」的男主角、「單純善良／品學兼優／人緣超好」的女主角、「情書／情歌／愛情小語」的求愛招數、「認知不合」的分手遺憾，與畢業多年後「女方嫁別人」的傷感和回憶。此小說原本在網路發表，讀者透過網路互動的模式，快速且廣泛地將閱讀意見發表於網路平臺上，遂形成讀者與作者的密切互動，網路創作具有快速發表與連載的特性。可以說，網路小說不僅提供文本，亦是文

---

〔註 12〕黃文瑜，〈台灣電影行銷大陸市場初探—以《那些年，我們一起追的女孩》、《新天生一對》、《賽德克巴萊》爲例〉（台北：中國文化大學新聞暨傳播學院新聞學系碩士論文，2014 年），頁 12。

〔註 13〕吳承圃，〈那些年，我們一起追尋的懷舊風潮〉，《藝術欣賞》10 卷 3 期（台北：國立臺灣藝術大學，2014 年），頁 33。

化行動，更是多元觸角的整合，必須考量媒介本身的特性和使用者

的背景，才能較全面理解網路寫作所呈現的面貌。〔註14〕

這種文化的傳播，歷史學是新文化史研究的重要意涵，閱聽人各自擁有不同
的背景，卻能夠在影片中找到共鳴，是影片創造出極其高明的操作手法。

學者王淑慧在分析集體記憶時，將其分為「個人記憶」與「家國敘事」：
「個人記憶」與「家國敘事」在文學及電影是經常被採用的表達手法，「個人
記憶」強調故事主角經由何種事件影響其人生觀，採取較微觀的視角。「家國
敘事」則著重描述歷史變異對族群或大家族的影響，採取較宏觀的視角，通
常稱此視角為大河小說、史詩電影……等。當然「個人記憶」與「家國敘事」
也經常交互使用，難以完全的切割，但為了論述清楚使讀者不會造成閱讀上
的混淆，以下論述電影採用觀點時，將以偏向單一的論述方式說明。〔註15〕

《那些年，我們一起追的女孩》票房的成功，與《賽德克·巴萊》的不
如預期，台灣的票房市場的「家國敘事」已不如「個人記憶」，將家國歷史記
憶歸類於沈重，或許是台灣人對過去歷史記憶重組的過程。

學者王明珂認為：

歷史是在特定的社會情況下人們對過去（社會記憶）的選擇、
重組與重建。歷史作為一群人的集體記憶，其所反映的與「過去的
事實」常有相當的差距。為了解釋現實的情勢而產生的集體記憶不
只是選擇性的、詮釋性的，而且也經常是扭曲的。〔註16〕

影評人康威（Peter Cowie）強調，「無論男女觀者，在觀看電影時所處的位置，
都可能依據他們自己幻見的動因而決定」這部電影中，沈佳宜反抗教官的那
一段，在當年那麼封閉的威權社會狀態下，實在是很少人有勇氣反抗教官，
然而，當無理的要求侵犯到學生的權益，連身為好學生的沈佳宜竟會挺身而
出，對抗不合理的霸權，其勇氣真是讓人激賞。〔註17〕

---

〔註14〕 柯品文，〈從網路到影視的戰鬥與蛻變《再一次相遇：那些年，我們一起追的女孩
電影創作書》〉，《全國新書資訊月刊》（台北：國家圖書館出版，2012 年），頁 63。

〔註15〕 王淑蕙，〈家國敘事與個人記憶—從〈那些年，我們一起追的女孩，我們一起
追的女孩〉等幾部電影談起〉，《南台通識電子報》（台南：南台科技大學通識
教育中心發行），頁 1。

〔註16〕 王明珂，〈集體歷史記憶與族群認同〉，《當代》第 91 期（1993 年 11 月 1 日），
頁 11。

〔註17〕 吳昭瑩，〈藝文影片《那些年，我們一起追的女孩》傳播效應初探〉（台北：
世新大學廣播電視電影學系碩士論文，2012 年），頁 34。

　　的確，集體記憶是解釋性的，並且經常被扭曲，片中的高中教官在門口要求剪頭髮、在課堂要求搜查書包，其實在現代校園已無教官的設置，在人權的考量下，也不太可能再發生要求學生舉報同學然後搜書包的情事，校園記憶並非每個人相同，未必每個人都有反抗教官的經驗，但是潛意識中對於威權的反彈，是每個人都有的想法，而這種想法在電影的轉譯之後，也彷彿自己經歷過般的記憶。

　　王淑慧認為，以臺灣二十幾年前由校方安排中學生集體觀賞軍教愛國片，至今不同年齡層的民眾對觀影所做出的自由選擇，其選擇的結果正呈現出一種「思維模式」的世代交替現象。過去著重「家國敘事」的政策指令，轉向民眾自由選擇後「個人記憶」的勝出，正呈現出「思維模式」的轉變。

　　關於集體記憶的現象，學者王明珂認為：

>　　民族似乎是一個由集體歷史記憶的凝結與傳遞來維繫的人群，一方面民族體以創造及追溯共同歷史記憶來不斷的維持或修正族群邊界，另一方面，任何個人或人群團體，除非有明顯的體質外觀的差別，都可以藉由假借一個歷史記憶，或遺忘一個集體記憶，來進入或退出一個民族體。〔註18〕

　　　　　　　　〔註19〕

如同王明珂所言，「藉由假借一個歷史記憶，或遺忘一個集體記憶，來進入或退出一個民族體。」而「傳播」是一種促進人們彼此間共享資訊，以達成相互了解的過程。〔註20〕這種記憶不管是假借或是遺忘，都能夠讓群體找到共通性，藉此成為共同群體。

　　學者索緒爾（Ferdinand Saussure）表示：符號是可感知的物質形式，不論是影像、聲音、文字、圖像等，是意義的承載者。符號就是能指與所指相連結所產生的整體，而能指與所指的聯繫是任意的，二者之間沒有任何內在的關係。〔註21〕電影的對話也能傳達出意念，聲音是劇中人物所發出，但是也

---

〔註18〕王明珂，〈集體歷史記憶與族群認同〉，《當代》第91期（1993年11月1日），頁16。

〔註19〕哈拉爾德‧韋爾策編，季斌等譯，〈社會記憶〉，《社會記憶：歷史、回憶、傳承》（北京：北京大學出版社，2007年），頁3。

〔註20〕翁秀琪（2011），《大眾傳播理論與實證》，台北，三民，頁82。

〔註21〕索緒爾（Ferdinand Saussure）著、高名凱譯，《普通語言學教程》（北京：商務印書館，2003年），頁101～104。

有畫面外發出的意涵與聲音，傳達出隱喻的訊息。像是「透過電影中導演欲
傳達的意念，更能夠讓觀眾感受到初戀的美好，在這部九把刀的純愛電影裡，
勾起觀影者對那些年的回憶。」〔註22〕

　　影評人項貽斐提到：

　　　　青春愛情元素，在 1980 年代的成長題材電影裡，有時不得不
　　像糖衣，包裹嚴肅的社會文化觀察、或是沉重的歷史。「童年往事」、
　　「青梅竹馬」、「戀戀風塵」裡回首未竟的青春愛情，都因放進時代
　　環境而拉抬視野高度，產生意義。到了 2010 年代新生代電影人拍出
　　的青春愛情成長電影：「那些年，我們一起追的女孩」、「翻滾吧！阿
　　信」、「南方小羊牧場」與近日的「我的少女時代」，影片或是以 1990
　　年代為背景、或是關注那個年代，復古的集體記憶又凝聚一個世代
　　的影迷，當年青春愛情的糖衣，換成酸甜苦澀口味不一的糖果，有
　　五顏六色的包裝，還有介於傻勁與勵志的執拗。〔註23〕

《那些年，我們一起追的女孩》在開場的 5 分鐘內，就介紹了 1994 年發生的
故事，有著張雨生的歌、張學友的《吻別》專輯、經典的中華職棒龍象大戰、
張惠妹五度五關贏得五燈獎冠軍，還有生活中用 NBA 明星 Grant Hill 限定卡
換 Penny Hardaway 卡，還有電視節目《玫瑰之夜》的靈異照片。電影場景及
劇情也大量堆砌屬於 1990 年代的流行文化符號，像是男主角柯景騰的「女神」
是 1990 年代的女星王祖賢，沈佳宜房間貼的是小虎隊的海報；班上同學共同
話題是日本漫畫《灌籃高手》。這些快速的喚醒記憶的方式，立即將閱聽人帶
入 1990 年代的集體記憶之中。

　　這些 1990 至 2000 年代的台灣、香港及日本的流行文化，本身已有帶有
跨地域的性質，因而能引發台港兩地 80、90 後觀眾的集體回憶。〔註24〕

　　影評人木衛二說，青春片，一個長盛不衰的亞類型。面對這麼一種喜聞
樂見的類型…從王祖賢到井上雄彥，從聯考到 921 大地震，相似的記憶節點，

〔註22〕吳昭瑩，〈藝文影片《那些年，我們一起追的女孩》傳播效應初探〉（台北：
　　　　世新大學廣播電視電影學系碩士論文，2012 年），頁 16。
〔註23〕項貽斐，〈除了青春與懷舊之外…〉，《聯合新聞網》2015 年 8 月 22 日，網址：
　　　　https://udn.com/news/story/7482/1138332，擷取日期：2018 年 2 月 1 日。
〔註24〕木兆言己，《那些年》懷舊熱潮再思〉，網址：https://momodesu.wordpress.com/
　　　　cultural-studies/basic-issues-in-intercultural-studies-i/《那些年》懷舊熱潮再思，
　　　　擷取日期：2018 年 2 月 1 日。

總會觸發無限情懷。內地電影沒有的，《那些年》統統都有。青春片的全方位影響是不容否認的。或許，對眼下這批年輕觀眾來說，由於時間點靠近，影片接近目前觀眾的欣賞習慣，他們的青春片回憶可能就是《那些年》。〔註25〕

但是項貽斐也關注到：

> 電影未必是春秋之筆，但也在回顧的觀景窗劃出重點。上個世代的懷舊多在重建失落的生活、歷史記憶，這個世代的懷舊常有勿忘初衷的個人提醒，也更倚重視聽娛樂、小情小愛的鄉愁。30年前「童年往事」編劇之一、未滿30的朱天文在該片專集裡寫著：「這部電影爲要紀念已過去的，鼓舞還在的，而喚起多少相關、不相關的人，我們心底共通的一件什麼。」青春與懷舊之外，更重要的是心底共通的一件什麼。〔註26〕

懷舊，其實來自於對於現實的不滿足。隨著歲月的更替，沈重的歷史記憶已不是大眾買票觀影的主要動機，反而輕鬆愉悅的觀影感受成爲多數人的主要選擇。〔註27〕隨著青春片賣座，是否是族群的逃避，形成一種對未來無望的想像，以致於陷入懷舊的集體記憶，而這種不復再的美好記憶，也能夠讓觀影感受變好，在兩小時的觀影感知內，遺忘了現實及未來的殘酷。

導演楊力州認爲：這一波青春電影的懷舊風潮背後眞正的社會意義是，三十歲這個世代的年輕人們對自己目前所處的環境，是否感到強烈的失落與迷惘！〔註28〕原本，三十幾歲的青壯年應該是社會的中堅分子。但是現在的時空氛圍，讓很多年輕人覺得對政治無力、對未來感到無助，買不起房子，存不到錢。甚至有些人會覺得自己被卡在一個不上不下的位置，不只找不到未來的方向，也沒辦法像上一輩一樣，輕易的在職場、社會中向上階級流動。〔註29〕

〔註25〕木衛二，〈《那些年》6日上映　需到影院補習的集體記憶〉，《鳳凰網娛樂》2012年01月05日，網址：http://ent.ifeng.com/movie/news/hk/detail_2012_01/05/11763342_0.shtml，擷取日期：2018年2月1日。

〔註26〕項貽斐，〈除了青春與懷舊之外…〉，《聯合新聞網》2015年8月22日，網址：https://udn.com/news/story/7482/1138332，擷取日期：2018年2月1日。

〔註27〕王淑蕙，〈家國敘事與個人記憶—從〈那些年，我們一起追的女孩，我們一起追的女孩〉等幾部電影談起〉，《南台通識電子報》（台南：南台科技大學通識教育中心發行），頁2。

〔註28〕楊力州，〈懷舊電影的大賣，是年輕人對未來徬徨的社會警訊嗎？〉《說書》2016年6月6日，網址：https://sobooks.tw/懷舊電影的大賣,是年輕人對未來徬徨的社會警訊，擷取日期：2018年2月1日。

〔註29〕楊力州，〈懷舊電影的大賣，是年輕人對未來徬徨的社會警訊嗎？〉《說書》

大陸影評人木衛二則提到：

> 說來是很悲哀的事情，這十幾年，內地從未出現過一部像《那些年》這樣的電影。從中，70 年代末、80 後乃至 90 後都會找到一些成長的記憶經驗。爲什麼那麼多人會覺得，電影講的就是他們的故事，初戀回憶又那麼相似？尤其是因爲婚戀問題而忙得焦頭爛額的那些人，他們看過電影，竟是會記起內心深處還藏著那麼一號人，多少年，始終念念不忘。前後桌、學習比賽、和老師鬥氣，九把刀真的製造出那台時光機了，帶領很多人回到了青澀的校園時代。〔註30〕

這種「懷舊」包含對記憶、歷史的回想與追尋，是複雜的思想和意識，懷舊能夠美化過去以及建立身份認同，在群體中也更能有話題及找尋共同性，儘管不是每個人都經歷過 1990 年代的成長，但是卻都有唸書的共同記憶。

只是影評木兆言己說到：在個人回憶的過程中，人們往往會選擇性地保留美好、歡愉、值得回味的內容，而除去那些使人傷感或痛苦的部分。因此，與記憶相比，「懷舊」是帶有過濾性質的。然而，另一方面，人們有時又會對昔日痛苦的回憶加以淨化，從而肯定今日的自我。「懷舊」不但是關於過去的事情，而且是連繫現在、延續未來的；人們通過回憶過去尋找自我，從而比對或反省今天的我，再展望未來的面貌，這正是一種身份建構的過程。然而，在這過程中，人們又總是因爲現今處境的不如意，或對現在的我有所懷疑，才會追懷往昔。〔註31〕

這種記憶的美好或是思念過去，也不見得全然是負面性的表徵，也可能帶有心理建設的效果，讓集體記憶逐漸朝向美好的一端建設，離開過去傳統的國族建構模式。

## 第三節　《那些年，我們一起追的女孩》與文創產業

根據文化部《文化創意產業發展法》的定義，文化創意產業指的是「自

---

2016 年 6 月 6 日，網址：https://sobooks.tw/懷舊電影的大賣，是年輕人對未來徬徨的社會警訊，擷取日期：2018 年 2 月 1 日。

〔註30〕木衛二，〈《那些年》6 日上映 需到影院補習的集體記憶〉，《鳳凰網娛樂》2012 年 01 月 05 日，網址：http://ent.ifeng.com/movie/news/hk/detail_2012_01/05/11763342_0.shtml，擷取日期：2018 年 2 月 1 日。

〔註31〕木兆言己，〈《那些年》懷舊熱潮再思〉，網址：https://momodesu.wordpress.com/cultural-studies/basic-issues-in-intercultural-studies-i/《那些年》懷舊熱潮再思，擷取日期：2018 年 2 月 1 日。

創意或文化積累，透過智慧財產之形成及運用，具有創造財富與就業機會之潛力，並促進全民美學素養，使國民生活環境提升之下列產業：一、視覺藝術產業。二、音樂及表演藝術產業。三、文化資產應用及展演設施產業。四、工藝產業。五、電影產業。六、廣播電視產業。七、出版產業。八、廣告產業。九、產品設計產業。十、視覺傳達設計產業。十一、設計品牌時尚產業。十二、建築設計產業。十三、數位內容產業。十四、創意生活產業。十五、流行音樂及文化內容產業。十六、其他經中央主管機關指定之產業。前項各款產業內容及範圍，由中央主管機關會商中央目的事業主管機關定之。〔註32〕

　　其中電影是極爲重要的一環，透過電影能夠爲文創產業帶來極高的附加價值，不管是電影內容、週邊產品、明星效應，或是觀光產業的發展，都是電影能夠帶來的效應。

　　過去許多部電影都展現出台灣在地文化，將地方特色帶入影片內容，像是《賽德克巴萊》出草儀式，呈現出原住民文化；《雞排英雄》展現夜市文化；《陣頭》以民俗技藝團重現台灣的宮廟文化；《大尾鱸鰻》則是利用台灣俚語，展現台灣街頭文化。

　　文化創意產業成爲台灣近年極力推行的產業，希望將文化融入電影情節，利用電影呈現出文化特色及文化歷史，希冀電影帶動觀光、經濟發展，也宣揚台灣本土文化特質。

　　學者林榮泰認爲，文化是人類在文明進化的過程中所留下來的產物，包括語言、風俗、宗教、藝術、思維方法和生活習慣等。隨著產品市場的逐漸飽和，消費者的需求及願望也開始改變，由滿足象徵富裕的物質需求，變成追求心靈充實的願望。所謂文化產品，係針對文化器物本身所蘊含的文化因素，加以重新審視與省思，運用設計創意將此文化因素，透過一個符合現代的新形式，表現在現代的生活型態，並進一步探求產品使用後，對消費者精神層面的滿足。〔註33〕像是國片賣座冠軍《海角七號》拍攝地點在南台灣屏東恆春，吸引許多觀光客前往當年「阿嘉的家」，以及附近景點觀光朝聖，帶動觀光發展，迄今十餘年仍然人潮不斷。

---

〔註32〕《文化創意產業發展法》第 3 條。
〔註33〕林榮泰，〈從電影海角七號探討文化創意產業〉，《藝術欣賞》第 5 卷 1 期，2009 年 2 月 1 日，頁 28～29。

　　《那些年，我們一起追的女孩》則是將集體記憶與文創結合，雖然未曾如同《海角七號》般長期帶動彰化景點人潮，但是培育出的明星柯震東、陳妍希等，藝人的創造同樣也是具有經濟價值，兩人在香港及大陸的走紅，都是著力於《那些年，我們一起追的女孩》所塑造出的形象意涵。

　　另外，族群意涵也是幫助《那些年，我們一起追的女孩》在文創成功的主因，由於台灣文化多元，要找到各族群均能夠認同的文化主體並不容易，《那些年，我們一起追的女孩》巧妙的避開了台灣族群的問題，電影內容像是在彰化沒有人講台語，1990 年代卻沒有台語歌與文化等，都是避開了本土文化對外銷的影響。

　　學者賴澤涵、劉阿榮在〈多元文化與族群關係：台灣的抉擇〉中指出：以「族群」代替「種族」研究的必要性，他們認為族群是指屬於同一社會，共有文化，特別是共同語言的人群，並且是世代不變的加以嬗傳。這個定義指出不同於血緣與膚色的種族定義，族群的構成要素是：共有的文化傳統、共同使用的語言，以及歷史繁衍的特徵。換言之，同一族群之所以產生歸屬感，主要就是因為代代相傳的語言與不斷積累的文化資產，使該人群感覺光榮而自認為與他族不同，於是產生族群的歸屬感。〔註 34〕這樣的認同並不再是來自於血緣、宗教、祖先等傳統族群，而是以文化做為認同，產生的共同體。

　　學者丘昌榮則認為，族群情感與族群意象是相關的，「他群」對「我群」欠缺好感，主要來自於他群對於我群的不良印象。〔註 35〕在變項繁複、互動多元的族群關係中，不可忽視的是作為族群歸屬的黏著劑：族群認同（ethnic identity）的重要性，沒有族群認同，就不可能產生交錯縱橫的族群關係，一旦擁有族群認同，就自然出現族群邊界的現象。〔註 36〕

　　20 世紀後半時期以來，隨著「全球市場」的開放，使得商品競爭更趨激烈，各國無不以「在地設計」，來突顯地方文化的特色。因此，以「內容」為基礎的文化創意產業，由於創意表達的多元性，及文化元素的特殊性，在商品化過程具有相當高的市場附加價值。〔註 37〕

---

〔註 34〕賴澤涵、劉阿榮，〈多元文化與族群關係：台灣的抉擇〉，收錄於劉阿榮主編《多元文化與族群關係》（台北：揚智文化，2006 年），頁 8～9。
〔註 35〕丘昌泰，〈族群、文化與認同：連鎖關係的再檢視〉，《國家與社會》第五期，2008 年 12 月，頁 9。
〔註 36〕丘昌泰，〈族群、文化與認同：連鎖關係的再檢視〉，《國家與社會》第五期，2008 年 12 月，頁 12。
〔註 37〕林榮泰，〈從電影海角七號探討文化創意產業〉，《藝術欣賞》第 5 卷 1 期，2009

在《那些年，我們一起追的女孩》設定，明顯的有文化的「族群邊界」現象，這種邊界其實是對台灣本土文化的削弱，像是台語文化等，著眼於中港澳票房所做的設定，在票房上取得成功，但對台灣本土文化的推廣助益效果不高，主要的文化傳播效應集中於集體記憶的部份。

但是，從文創產業的觀點來看，《那些年，我們一起追的女孩》電影中的場景像是精誠中學、八卦山大佛、阿璋肉圓、中華陸橋、彰化漁市場與永樂街商圈、金瓜石、平溪天燈等知名景點，之後也成為觀光的重要指標，藉著電影有效宣傳彰化的觀光景點，仍是極具有文化傳播的產業價值。

# 第四節　小結

電影人焦雄屏曾說：「台灣民眾都在期待再有一部電影也像《海角七號》一樣使人高興，《海角七號》帶動了整個台灣電影市場的活躍。〔註38〕《那些年我們一起追的女孩》可以說是 2011 年重新帶動國片熱潮的集體記憶代表作，這樣的作品也讓國片再度掀起這種 1990 年代集體記憶的狂熱，在 2015 年的《我的少女時代》繼續承接下去。

傳媒報導也對於《那些年我們一起追的女孩》，《聯合報》就報導：很少看到一部電影可以有這樣的影響力。從 2011 年上映，到 2012 年電視台播出，皆打破了有史以來的相關紀錄，電影上映破了電影票房紀錄，電視播出破了有史以來的收視紀錄。《那些年我們一起追的女孩》在衛視電影台播出，15 至 44 歲收視率平均是 7.14，是「海角七號」的 2 倍，該片電影台版權近 2 千萬創天價，也在電影台創下史上最高收視紀錄，吸引近 300 萬觀眾觀賞。〔註39〕這樣的紀錄，也可以讓《那些年我們一起追的女孩》作為文本，有更多的代表性意義。

《那些年我們一起追的女孩》正是借用流行文化的力量對個人的成長往事加以「包裝」，令它成為引發觀眾集體回憶的媒介。〔註40〕「懷舊」能夠「建

年 2 月 1 日，頁 27。

〔註38〕《電影藝術》，第 324 期，（2009），第一期，《華語大片時期的新青年電影─第三屆華語青年影像論壇言論集》頁 15～16。

〔註39〕王雅蘭，〈收視飆贏海角 300 萬人搶看 那些年稱冠電影台〉，《聯合報》2012 年 3 月 27 日，影視消費 C 版。

〔註40〕木兆言己，〈《那些年》懷舊熱潮再思〉，網址：https://momodesu.wordpress.com/cultural-studies/basic-issues-in-intercultural-studies-i/《那些年》懷舊熱潮再思，

立自我身份」，這些都是個人層面的意涵，但是當這種對回憶的追尋結合了集體的意識、傾向和行爲，就會從個人記憶變成集體記憶，這種流行文化建構出的集體回憶，也有助於世代族群認同的融合。

《那些年我們一起追的女孩》用直接方式引導觀眾思考「青春」，劇中使用的懷舊「符號」，將「青春」、1990 年代的抽象回憶變成具體化。

學者薩默瓦（Samovar）所提出的主張：文化爲結構，傳播爲過程。充分說明文化與傳播之間密不可分的關係，因此我們可以說文化是傳播的基礎，人們對接受訊息、傳遞、解碼與此習習相關；且對訊息理解的差異也會因文化的不同而互異。〔註41〕

《那些年，我們一起追的女孩》在海外熱映，香港等地的遊客也來台朝聖。時任交通部觀光局長謝渭君表示，受台灣燈會及本土電影在海外熱賣影響，今年第一季外國公司選擇台灣進行員工獎勵旅遊團數大增，較去年同期成長 26.36%。謝謂君指出，隨著國片《那些年，我們一起追的女孩》在海外熱映，以及被 Discovery 頻道推薦爲全球最佳節慶活動之一的台灣燈會，亞洲各國知名企業紛紛選擇來台辦理獎勵旅遊，隨著《那》片男女主角的腳步，體驗台灣傳統小吃及特色文化活動，新北市水湳洞、金瓜石、九份的「水金九」及休閒農場、老街成爲近期獎勵旅遊團安排的重點行程。〔註42〕

台灣新電影出現前，由於政治的高壓禁錮，台灣電影只有「健康寫實」，對所處環境社會的感受，幾乎麻木空白或不敢碰觸。直到 1980 年代初，戰後嬰兒潮逐步站上浪尖，這群電影人經歷農業到工商社會的轉型、見證上一個流離世代的妥協犧牲、受夠保守僵化的教條宣傳，在政治威權開始鬆動的土壤中，藉由青春叛逆、浪漫愛情讓眞實現象一一在影片冒出頭。〔註43〕

隨著商業化，電影隨即以市場導向爲出發點，這樣的方向強化了對文創產業的發展，卻也伴隨了對歷史與眞實性的考驗，集體記憶未必是眞實的，

擷取日期：2018 年 2 月 1 日。

〔註41〕黃文瑜，〈台灣電影行銷大陸市場初探—以《那些年，我們一起追的女孩》、《新天生一對》、《賽德克巴萊》爲例〉（台北：中國文化大學新聞暨傳播學院新聞學系碩士論文，2014 年），頁 12。

〔註42〕黃如萍，〈《那些年》帶動瘋台灣 來台獎勵旅遊 首季成長 26%〉，《中國時報》2012 年 4 月 8 日，焦點新聞 A3 版。

〔註43〕項貽斐，〈除了青春與懷舊之外…〉，《聯合新聞網》2015 年 8 月 22 日，網址：https://udn.com/news/story/7482/1138332，擷取日期：2018 年 2 月 1 日。

只能做為上映當時的社會反映，這是對歷史學探討時代脈絡下的考驗，從求真而出發的歷史學，面對集體記憶的議題時，必須面對的意涵。

# 第六章　文化工業與集體記憶的建構：
　　　　 以電影《我的少女時代》為例

## 第一節　文本概述及代表性

　　本章以電影《我的少女時代》作為主要分析文本，因為電影主角及劇本設定，大多以 1990 年代為背景，成為台灣主流集體記憶的重要年代，也因此與第五章所論述的《那些年，我們一起追的女孩》，成為台灣票房／成本效益最好的作品之一。

　　《我的少女時代》由陳玉珊執導，藝人宋芸樺、王大陸、李玉璽、簡廷芮領銜主演，2015 年度一部以 1990 年代為背景，校園愛情、青春懷舊為題材的愛情輕喜劇電影。有別於 2011 年度紅極一時的《那些年，我們一起追的女孩》，劇情以女性觀點出發作為其主要視角，非真人真事，於 2014 年 10 月份開拍，2015 年 4 月份正式殺青。

表 6-1　電影《我的少女時代》資料

| 片名 | 《我的少女時代》 |
| --- | --- |
| 英文片名 | One Times |
| 上映日期（台灣） | 2015 年 8 月 13 日至 2015 年 12 月 24 日 |
| 上映廳數 | 17 |
| 分級 | 保護級 |
| 票房 | 4.09 億 |

| 成本 | 8,500 萬新台幣 |
|---|---|
| 類型 | 喜劇（comedy）、青少年（teenpics） |
| 片長 | 134 分鐘 |
| 時代背景 | 1990 年代（1994 年、1995 年爲主） |
| 主題曲 | 田馥甄《小幸運》 |
| 主要取景地點 | 台灣新竹 |
| 政府補助 | 文化部影視及流行音樂產業局 2014 年度第 2 梯次台灣電影長片輔導金新人組 700 萬新台幣之補助 |
| 導演 | 陳玉珊 |
| 編劇 | 曾詠婷 |
| 製作人 | 葉如芬 |
| 主演明星 | 宋芸樺、王大陸、李玉璽、簡廷芮 |
| 發行公司 | 華聯國際多媒體股份有限公司 |
| 粉絲專頁人數 | 383,597 |
| 粉絲專頁成立日期 | 2015 年 4 月 13 日 |
| 談論這個的用戶 | 15,914 |

　　《我的少女時代》於 2015 年 6 月 14 日在第 18 屆上海國際影展亮相，正式介紹給兩岸三地的觀眾們。《我的少女時代》同時也入選第 20 屆韓國釜山國際影展之「Open Cinema」單元，獲邀於 2015 年 10 月 5 日在可容納 4000 人之戶外露天劇場公開放映，其中在 2016 年 5 月 12 日於韓國上映時，成爲繼《盛夏光年》、《不能說的‧秘密》、《聽說》、《那些年我們一起追的女孩》、《逆光飛翔》這五部電影後，第六部在韓國放映的臺灣電影。《我的少女時代》在全球 24 億票房，是繼《那些年，我們一起追的女孩》之後，另一個成功的海外輸出國片。

　　《我的少女時代》也被多倫多亞洲國際影展（Toronto Reel Asian International Film Festival）選爲焦點影片，於 2015 年 11 月 8 日及 9 日在安省美術館 AGO Jackman Hall 劇場展映，且創下此影展創辦 20 年以來，史上第一次 24 小時內座位完售的秒殺紀錄。

　　台灣於 2015 年 8 月 13 日正式上映（8 月 12 日於台北信義威秀影城舉行

首（特）映會）；香港和澳門 10 月 15 日上映（10 月 11 日於香港奧海城舉行首映會）；馬來西亞於 10 月 22 日上映；新加坡 10 月 25 日上映；中國大陸、澳洲和紐西蘭 11 月 19 日上映；英國、美國和加拿大在 11 月 20 日上映。韓國在 2016 年 5 月 12 日上映。日本於 2016 年 11 月 26 日上映。〔註1〕

《我的少女時代》在大陸累計票房 3.5 億人民幣（約台幣 17.5 億元），加上在台港星馬美英等地的票房，總數已達 24 億元，榮登史上台片賣座冠軍。《那些年，我們一起追的女孩》的海外與台灣總票房 12 億，是史上台片賣座亞軍。可見得 1990 年代的集體記憶，對於台灣社會有著不小的影響力。

從表 6-2 來看，2015 年國內院線電影仍以歐洲與美國電影為多數，總計有 329 部，其中美洲為 178 部，較 2014 年的 183 部減少 5 部，歐洲則為從 2014 年的 111 部增加至 151 部，歐洲電影數量占比也因此較為提升。而台灣電影上映數量方面，2015 年上映國片數量占比為 11.11%，較 2014 年的 10.89% 增加 0.22%。〔註2〕未計短片及紀錄片，2015 年度共核定 630 部電影，《我的少女時代》成為其中華語片賣座冠軍，足證其在台的影響力，以文本分析的重要性。

表 6-2 2015 年國內上映電影來源地區

資料來源：文化部

圖表製作：作者整理。

〔註1〕介紹內容部份引自維基百科，網址：https://zh.wikipedia.org/wiki/我的少女時代。擷取日期 2018 年 1 月 20 日。
〔註2〕文化部，《2015 影視廣播產業趨勢研究調查報告—電影產業》（台北：文化部出版，2017 年），頁 14。

　　從文化工業的觀點，《我的少女時代》獲得文化部影視及流行音樂產業局
2014 年度第 2 梯次台灣電影長片輔導金新人組 700 萬新台幣輔助，文化部也
認同《我的少女時代》擁有文化及文創的內涵。

　　從台灣歷來賣座電影分析，由表 5-3 可以看出，從 2000 年到 2017 年，台
灣電影票房多數為美國好萊塢大片所壟斷，僅有 4 部國片得以入榜，分別是：
第 7　名的《海角七號》、第 13 名的《賽德克巴萊（上）：太陽旗》、第 18 名
的《那些年，我們一起追的女孩》、第 29 名的《我的少女時代》。其中《那些
年，我們一起追的女孩》、《我的少女時代》都是以 1990 年代為主描述的電影，
《海角七號》雖然是當代的內容，但是主要場景在 2004～2005 亦與 1990 年
代相去不遠，成為台灣文創集體記憶重要的「黃金年代」。

表 6-3　2000～2017 電影台北地區累積票房排行

| 排名 | 電影 | 上映日期 | 累積票房 | 製作成本 | 發行公司 | 片中年代 | 電影類型 |
|---|---|---|---|---|---|---|---|
| 1 | 阿凡達 | 2009/12/17 | 433,459,675 | 2.37 億美元 | 福斯 | 2154 | 科幻史詩 |
| 2 | 變形金剛 3 | 2011/6/28 | 330,466,653 | 1.95 億美元 | 派拉蒙 | 未提及 | 科幻 |
| 3 | 侏儸紀世界 | 2015/6/10 | 277,907,888 | 1.5 億美元 | 環球 | 2015 | 科幻冒險 |
| 4 | 玩命關頭 7 | 2015/4/2 | 257,193,084 | 1.9 億美元 | 環球 | 未提及 | 動作 |
| 5 | 變形金剛：復仇之戰 | 2009/6/23 | 245,373,480 | 2 億美元 | 派拉蒙 | 未提及 | 科幻 |
| 6 | 復仇者聯盟 | 2012/4/25 | 237,949,916 | 2.2 億美元 | 博偉 | 故事起源 1942 | 科幻動作 |
| 7 | **海角七號** | **2008/8/22** | **232,326,877** | **新台幣 5,000 萬元** | **博偉** | **2005 年左右** | **劇情愛情** |
| 8 | 鋼鐵人 3 | 2013/4/24 | 230,980,554 | 2 億美元 | 博偉 | 1999 | 科幻動作 |
| 9 | 少年 Pi 的奇幻漂流 | 2012/11/21 | 229,813,550 | 1.2 億美元 | 福斯 | 1976 | 劇情 |
| 10 | 變形金剛 4：絕跡重生 | 2014/6/25 | 209,695,992 | 2.1 億美元 | 派拉蒙 | 未提及 前集4年後 | 科幻 |
| 11 | 復仇者聯盟 2：奧創紀元 | 2015/4/22 | 204,249,883 | 2.67 億美元 | 華特迪士尼影業 | 未提及 | 科幻動作 |

| 12 | 魔戒三部曲：王者再臨 | 2003/12/18 | 200,046,545 | 9400 萬美元 | 福斯 | 架空歷史 | 科幻冒險 |
|---|---|---|---|---|---|---|---|
| 13 | 賽德克巴萊（上）：太陽旗 | 2011/9/9 | 198,600,035 | 賽德克巴萊（上）、（下）合計新台幣 7～7.5 億元 | 果子 | 1930 | 劇情史詩 |
| 14 | 2012 | 2009/11/13 | 195,927,800 | 2 億美元 | 博偉 | 2012 | 科幻災難 |
| 15 | 變形金剛 | 2007/6/28 | 187,520,076 | 1.5 億美元 | 派拉蒙 | 未提及 | 科幻 |
| 16 | 美國隊長 3：英雄內戰 | 2016/4/27 | 183,668,450 | 2.5 億美元 | 華特迪士尼影業 | 未提及 | 科幻 |
| 17 | 玩命關頭 8 | 2017/4/12 | 183,540,980 | 2.5 億美元 | 環球 | 未提及 | 動作 |
| 18 | 那些年，我們一起追的女孩 | 2011/8/6 | 181,604,478 | 新台幣 5,000 萬元 | 福斯 | 1994 | 愛情 |
| 19 | 明天過後 | 2004/5/28 | 181,388,280 | 1.25 億美元 | 福斯 | 20 世紀末期 | 科幻災難 |
| 20 | 不可能的任務 II | 2004/5/24 | 173,282,865 | 1.25 億美元 | 派拉蒙 | 未提及 | 動作諜報 |
| 21 | 哈利波特：火盃的考驗 | 2005/11/18 | 168,801,020 | 1.5 億美元 | 華納 | 未提及 | 科幻劇情冒險 |
| 22 | 黑暗騎士：黎明昇起 | 2012/7/19 | 168,386,003 | 2.5～3 億美元 | 華納 | 1933 | 科幻 |
| 23 | 神鬼傳奇 II | 2001/05/04 | 167,838,885 | 8 千萬美元 | 環球 | 未提及 | 科幻冒險驚悚 |
| 24 | 全面啓動 | 2010/7/16 | 167,005,081 | 1.6 億美元 | 華納 | 未提及 | 科幻動作驚悚 |
| 25 | 玩命關頭 6 | 2013/5/22 | 165,015,063 | 1.6 億美元 | 環球 | 未提及 | 動作 |
| 26 | 魔戒二部曲：雙城奇謀 | 2003/1/9 | 163,877,610 | 9 千 4 百萬美元 | 新線電影公司 | 1943/6/13 1992/2～1993/5 | 科幻冒險 |
| 27 | 哈利波特：消失的密室 | 2002/11/15 | 162,361,640 | 1 億美元 | 華納 | 1981/11 1991/6～1992/6 | 科幻劇情冒險 |

| 28 | 哈利波特：神秘的魔法石 | 2001/11/4 | 159,983,475 | 1.25 億美元 | 華納 | 1990 年代中期 2015 | 科幻劇情冒險 |
|----|------|------|------|------|------|------|------|
| 29 | 我的少女時代 | 2015/8/7 | 158,731,830 | 新台幣 8500 萬元 | 華聯國際 | 1990 年代 | 愛情 |
| 30 | 露西 | 2005/11/18 | 168,801,020 | 1.5 億美元 | 華納 | 未提及 | 科幻動作 |

註：※電影票房來源：電影觀測站（2016～2017）、財團法人國家電影中心（2000～2015）。

※台灣電影產業，除台北市外，其他地區從未有公開的票房統計資料，導致 2016 年以前台灣並未擁有全國性票房統計數據，電影票房收入通常以台北市的 1 至 2 倍之間計算；為提供準確數據，特以持續擁有票房統計之紀錄的大台北地區為研究對象。

※財團法人國家電影中心自民國 67 年創立之初，開始統計大台北地區電影票房，並於每年 12 月底出版前一年之電影年鑑。2017 年起，台灣全國電影票房統計資料終於正式啟動，國家電影中心開始於每月公告上映 30 天以上的電影票房資訊，第一份全國電影票房統計時間為 105 年 11 月。

※作者整理。

　　從表 6-4 來看，由票房／成本比，國片賣座排名第一的《海角七號》以 4.64 的效益遙遙領先，其次是《那些年，我們一起追的女孩》的 3.63、《我的少女時代》的 1.86、《賽德克巴萊（上）：太陽旗》的 1.05。甚至可以說，《賽德克巴萊（上）：太陽旗》在扣除高昂的製作成本後，票房盈餘所剩無幾，遠不若前幾部的效益。

**表 6-4　2000～2017 國片累積票房排行**

| 排名 | 電影 | 片中年代 | 累積票房 | 製作預算 | 票房／成本比 |
|----|------|------|------|------|------|
| 1 | 海角七號 | 2005 年左右 | 232,326,877 | 5,000 萬元 | 4.64 |
| 2 | 那些年，我們一起追的女孩 | 1994 | 181,604,478 | 5,000 萬元 | 3.63 |
| 3 | 我的少女時代 | 1990 年代 | 158,731,830 | 8,500 萬元 | 1.86 |
| 4 | 賽德克巴萊（上）：太陽旗 | 1930 | 上集約上集 3.7 億元 | 賽德克巴萊（上）、（下）合計新台幣 7～7.5 億元 | 1.05 |

註：※電影票房來源：電影觀測站（2016～2017）、財團法人國家電影中心（2000～2015）。

※作者整理。

從歷來國片在台灣賣座排名析論，《我的少女時代》在台灣票房 4.1 億，雖登上 2015 年台片在台灣的賣座冠軍，在歷年台片的全台票房排行榜排名第 5，略輸給《那些年，我們一起追的女孩》的 4.25 億票房。

從表 6-5 來看，2015 年出產的電影在台灣有著不錯的票房成績，但是最好的是《我的少女時代》，票房人次高達 67 萬 3202 人次，收入達到 1.5 億元成績。

表 6-5　2015 年國片台北市電影票房前十名之影片〔註3〕

| 排名 | 影片名稱 | 票房人次 | 票房收入（新臺幣／元） |
|---|---|---|---|
| 1 | 我的少女時代 | 673,202 | 159,001,165 |
| 2 | 大囍臨門 | 239,338 | 55,706,056 |
| 3 | 追婚日記 | 118,812 | 28,571,668 |
| 4 | 紅衣小女孩 | 109,466 | 26,017,577 |
| 5 | 刺客聶隱娘 | 97,674 | 22,240,258 |
| 6 | 角頭 | 93,508 | 22,185,063 |
| 7 | 灣生回家 | 62,227 | 13,729,877 |
| 8 | 剩者為王 | 53,692 | 12,827,725 |
| 9 | 鐵獅玉玲瓏 2 | 38,722 | 8,869,363 |
| 10 | 234 說愛你 | 36,272 | 8,531,495 |

註：資料來源：台北市影片商業同業公會

從表 6-6 來看，《我的少女時代》更是台灣電影中上全球票房第一名的電影，其所塑造的記憶年代，應有其代表性及值得探討之處。

表 6-6　國片全球票房

| 名次 | 年份 | 片名 | 票房 |
|---|---|---|---|
| 1 | 2015 年 | 我的少女時代 | 25 億 |
| 2 | 2011 年 | 那些年，我們一起追的女孩 | 12 億 |
| 3 | 2014 年 | 痞子英雄 2：黎明再起 | 10.5 億 |
| 4 | 2012 年 | 愛 | 8.3 億 |

〔註3〕 文化部，〈2015 影視廣播產業趨勢研究調查報告—電影產業〉（台北：文化部，2017 年），頁 16。

| 5 | 2008 年 | 海角七號 | 5.3 億 |
| 6 | 2012 年 | 痞子英雄首部曲：全面開戰 | 5.2 億 |

　　魏德聖導演的《海角七號》在 2008 年帶動台片風潮，至今仍以 5.3 億穩坐台灣電影全台賣座榜冠軍。亞軍《賽德克・巴萊（上）：太陽旗》也是魏德聖執導，票房 4.3 億，上下集票房總和 8.1 億。魏德聖從不同角度講發生在台灣這塊土地的故事，不管是日本人還是原住民，都讓台灣文化更豐富多元。

　　第 3 名的《大尾鱸鰻》則是第一部豬哥亮眞正主演的賀年片，全家帶著阿公阿嬤一起看片，在 2013 年創下 4.3 億佳績，中南部的票房比北部更好。豬哥亮將在 2016 年推出《大尾鱸鰻 2》，連續 4 年以「豬式笑料」在春節檔扛票房。

　　歷年台片全台賣座排行榜前 3 名都以濃厚台味與在地觀點，受到台灣觀眾認同。可惜魏德聖導演的電影因爲政治因素，一直無法在大陸有很好的票房。豬哥亮也尚未成功打進大陸市場。相對之下，回憶過往青春、笑中帶淚的小清新台片《那些年》與《少女時代》，因爲在星馬港中等海外市場大有斬獲，總票房大幅超越台灣市場。〔註 4〕

　　《我的少女時代》的票房意義，做爲文本代表性的意義，表徵電影確實有許多觀眾觀看，對於傳播的效應也相對明顯，透過分析《我的少女時代》，盼能窺視集體記憶帶來的文化效益及歷史影響。

## 第二節　《我的少女時代》的歷史建構與集體記憶

　　後現代史學家海登・懷特（Hayden White）是「影視史學」名詞提出的創作者，一開始只是爲了區別與一般「書寫史學」（historiography）的不同所建構作出的新名詞。〔註 5〕在英文原先使用 historiography 時，並未嚴格區分是何種形式的歷史論述，但是懷特認爲，「書寫史學」指「以語詞意象（verbal images）和書面論述（written discourse）來呈現歷史」；至於「影

---

〔註 4〕華視綜合報導，〈票房王《少女時代》全球狂撈 24 億 在台卻輸給...〉（台北：華視新聞），2015 年 12 月 23 日，網址：http://news.cts.com.tw/cts/entertain/201512/201512231697393.html#.WqVG7flua70。擷取日期 2018 年 2 月 1 日。

〔註 5〕Hayden White，「Historiography and Historiophoty」，*The American Historical Review*，93（5）（Bloomington：Oxford University Press for the American Historical Association，1988），P.1193～1199。

視史學」則指「以視覺意象（visual images）和影片論述（filmic discourse）來呈現歷史」，〔註6〕這兩類史學在運用媒介及傳達歷史的「方式」上均有所不同。

雖然歷史學強調求眞，圖像與影像有時非以追求眞相的製作，也未必以此爲終極目的，確實會影響歷史的眞實性，然而電影賣座仍具有時代意義，能夠思考當時代的族群性格與脈絡，亦可做爲文本研究的範圍。

「集體記憶」又稱群體記憶，關於集體記憶有眾多說法，較相同的觀點的是，集體記憶是各種各樣的集體所保存的記憶，它是關於一個集體過去全部認識，不管是實物的、實踐的、知識的、情感的總和，可以在文化實踐活動，像是儀式、風俗、紀念、節日等，或著是物質形式的實在中，找到集體記憶的存在，可以在我群體與他群體的互動中感知到集體記憶的力量。

根據學者王明珂指出，在社會學的研究中，哈布瓦赫被認爲是集體記憶理論的開創者。哈布瓦赫指出，一向被認爲是相當「個人的」記憶，事實上是一種集體的社會行爲。一個社會組織或群體，如家庭、家族、國家、民族等等，都有其對應的集體記憶以凝聚此人群。許多社會活動，都可視爲一種強化此記憶的集體回憶活動。如國慶日的慶祝活動與演說，爲了強化作爲「共同起源」的開國記憶，以凝聚國民此一人群的國家認同。〔註7〕

《我的少女時代》所建構出的 1990 年代記憶，或許未能達成民族體形成的重要性，但是這種歷史記憶卻是可以凝聚族群，讓台灣人擁有共同記憶下，所形成共同體，也正是這種文化上「想像的共同體」，逐漸凝聚起新的台灣文化。

集體記憶的另個面向「口述歷史」，由於現代社會的紀錄方式較遠古爲新穎，以口述歷史爲例，當代口述歷史學者常藉由當事人的親身經歷記憶，來補充歷史文獻記載之不足。但學者王明珂認爲，對於追求「歷史事實」的歷史學者而言，不失爲一種歷史研究的新工具。然而由歷史記憶的觀點，這樣

---

〔註6〕 Hayden White，「Historiography and Historiophoty」，P.1193。

〔註7〕 Lewis A. Coser，「Introduction: Maurice Halbwachs,」 *On Collective Memory* （Chicago：The University of Chicago Press，1992）。

王明珂，〈歷史事實、歷史記憶與歷史心性〉，《歷史研究》第 5 期（台北：中央研究院歷史語言研究所，2001 年），頁 132。

的口述歷史只是為「典範歷史」增些枝節之末的知識而已。甚至它更進一步
強化了反映男性、統治者、優勢族群觀點與其偏見下的「典範歷史」，而使得
「歷史」成為階級權力工具。與此對抗的另一種「口述歷史」研究，則以探
訪編撰婦女、勞工、少數族群或過去之政治受害者之口述記憶為主軸。此類
口述歷史學者，經常將口述歷史作為某種社會或政治運動的工具；這仍是一
種有主體偏見的「歷史建構」，一種「認同史學」，一種為了社會群體認同所
建構的「歷史」。〔註8〕

　　從歷史學來看，口述歷史所進行的真實性調查，其內容可信度遠超過虛
構的電影，但是在影響群眾認同方面，電影的傳播性卻是讓人更相信該時代
的架構與內涵。

　　群體意識的形成仰賴共同的記憶，加強舊記憶並創造新回憶對群體而言
有其必要。《我的少女時代》創造出的集體記憶，有效的撫慰現代人對於 1990
年代的認知，著重青春記憶，略過了 1990 年代的負面意涵，校園罷凌、社會
結構改變，現代人回憶起 1990 年代的美好，多構築在這些記憶當中，對於當
時解構後的大時代，記憶卻大幅減少。

　　影評者牛濕濕認為，歷史當然會留下許許多多的記憶點，一旦觸及，人們
的感知、經歷、故事都會突然變得突然強烈而清晰。但並不是所有的故事都能
成為一種集體的記憶。《我的少女時代》造就的「集體記憶」，抹除了所有個體
所經歷的真實磨難和殘酷的社會生活。電影中抹去社會的負面因子。不會關於
交不到朋友、被同學排擠的流動兒童，不會關於零用錢剛夠吃飽、買不起這些
少女產品的窮孩子，不會關於體態肥胖被人嘲笑的女同學，更不會關於娘娘腔
被人欺負的男同性戀。銀幕上僅存的只有被仔細挑選、精心打造的甜美氣泡。
甜到我們都希望年輕的自己也曾如夢如幻地談過戀愛，不曾無趣、不曾空白、
不曾為學費發愁、不曾為比別人多一分爭得頭破血流。〔註9〕

　　在個人回憶的過程中，人們往往會選擇性地保留美好、歡愉、值得回味
的內容，而除去那些使人傷感或痛苦的部分。因此，與記憶相比，「懷舊」是
帶有過濾性質的。然而，另一方面，人們有時又會對昔日痛苦的回憶加以淨

---

〔註8〕　王明珂，〈歷史事實、歷史記憶與歷史心性〉，頁 142。
〔註9〕　牛濕濕，〈誰的少女時代？販賣懷舊與集體回憶的重塑〉，《獨立媒體》2015 年
　　　　12 月 8 日。網址：http://www.inmediahk.net/node/1039367。擷取日期：2018
　　　　年 1 月 20 日。

化，從而肯定今日的自我。〔註10〕

　　「懷舊」不但是關於過去的事情，而且是連繫現在、延續未來的；人們通過回憶過去尋找自我，從而比對或反省今天的我，再展望未來的面貌，這正是一種身份建構的過程。然而，在這過程中，人們又總是因為現今處境的不如意，或對現在的我有所懷疑，才會追懷往昔。〔註11〕儘管這種心理學的說法過於牽強，但是懷舊確實能夠帶來一種身份建構的功能，重新定位人們在社會中的位置。

## 第三節　《我的少女時代》與文化創意產業

　　「文化工業」是由德國法蘭克福學派所提出的構想，法蘭克福學派形成於 1930 年代，在 1938 年，學者阿多諾（Theodor W. Adorno）撰寫〈關於音樂中的拜物教性質及聽覺的倒退〉等論文，開始全面探討大眾文化；阿多諾和班雅明（Walter Benjamin）就文化中大眾化、技術化、商品化的社會功能展開爭論。在 1944 年，霍克海默（Max Horkheimer）在〈藝術與大眾文化〉文中，首次把大眾文化與文化工業聯繫在一起，認為文化工業就是「文化操縱」。阿多諾在《啓蒙的辦證法》書中對大眾文化批判的基本路線，發表《新音樂哲學》（1950）、《梭鏡：文化批判與社會》（1955）、《音樂社會學導論》（1962）等看法，將文化工業的問題使政治化，也開始研究資本主義的大眾文化，其實是對於人民群眾的意識剝奪。

　　社會學家貝爾（Daniel Bell）在《資本主義的文化矛盾》中指出：

> 從社會學家角度分析，文化大眾有三種類型的構成者。它包括的不懂有文化的創作者，還有它的傳播者…，正是同一群人，作為作家、雜誌編輯、電影製片人和音樂家等等，為更多的大眾文化觀眾生產普及的產品。而在這三種類的人中，創作者、傳播者主宰著大眾文化的方向和面貌，是文化大眾的中堅，是他們塑造著廣大觀

〔註10〕木兆言己，〈《那些年》懷舊熱潮再思〉，網址：https://momodesu.wordpress.com/cultural-studies/basic-issues-in-intercultural-studies-i/《那些年》懷舊熱潮再思，擷取日期：2018 年 2 月 1 日。

〔註11〕木兆言己，〈《那些年》懷舊熱潮再思〉，網址：https://momodesu.wordpress.com/cultural-studies/basic-issues-in-intercultural-studies-i/《那些年》懷舊熱潮再思，擷取日期：2018 年 2 月 1 日。

　　眾、讀者的審美趣味。〔註12〕

阿多諾討論了文化工業體系的內在邏輯以及各種動力的運作，阿多諾認爲在文化工業體系中，每個人同時具備生產者與消費者的身份，不僅在物質上生產並消費生產的東西，同時也在概念上重複這樣的循環。「正因爲電影總是想去製造常規觀念的世界，所以，常看電影的人也會把外部世界當成他剛剛看過的影片的延伸，這些人的過去經驗變成了製片人的準則。他複製經驗客體的技術越嚴謹無誤，人們現在就越容易產生錯覺，以爲外部世界就是螢幕上所呈現的世界那樣，是直接和延續的。」〔註13〕

　　這可說明電影的塑造對於文化的影響，電影的虛構性無庸置疑，但是當電影呈現過去的內容時，架構在集體記憶中的虛構，卻容易幻化成爲閱聽人記憶的一環，這也是台灣現代電影賣座的潮流之一，透過重塑1990年代主流閱聽人成長故事的青春電影，做爲文化工業的商品，營造票房的成功性。

　　電影產業是文創產業的重要一環，從文化部定義就能夠瞭解，從表 6-7來看，2015 年的電影產業成長，總產值 229.5 億元，比 2014 年高出 9.03%；台北市觀影人次 1718.1 萬人次，成長 14.83%；台北市國片觀影人次 200 萬 9000人，也成長 11.06%，都能夠知道國片在台灣確實處於成長期，能夠帶來更多的文創產值。

表 6-7　電影產業重要觀察指標〔註14〕

| 構面 | 指標 | 項目 | 2012 年 | 2013 年 | 2014 年 | 2015 年 | 2014 至 2015 年 變動年 |
|------|------|------|---------|---------|---------|---------|----------|
| 產業結構面 | 營業家數 | 電影製作業 | 392 | 489 | 559 | 671 | 20.04% |
| | | 電影後製業 | 79 | 82 | 82 | 94 | 14.63% |
| | | 電影發行業 | 214 | 194 | 182 | 175 | -3.85% |
| | | 電影映演業 | 95 | 98 | 100 | 105 | 5.00% |
| | | 合計 | 780 | 863 | 923 | 1,045 | 13.22% |

〔註12〕陳學明著，《文化工業》，頁 21。
〔註13〕陳炳志，《飆車：規範、快感與文化工業的三螺旋》（台中：東海大學社會學系碩士論文，2005 年），頁 17。
〔註14〕頁 11。表 1-1　電影產業重要觀察指標。

| | | | | | | | |
|---|---|---|---|---|---|---|---|
| | 產值(億元) | 電影製作業 | 26.34 | 25.93 | 27.56 | 27.084 | -1.73% |
| | | 電影後製業 | 6.18 | 6.43 | 6.03 | 6.211 | 3.00% |
| | | 電影發行業 | 53.35 | 60.61 | 61.41 | 68.141 | 10.96% |
| | | 電影映演業 | 101.05 | 108.77 | 115.5 | 128.091 | 10.90% |
| | | 合計 | 186.92 | 201.74 | 210.51 | 229.527 | 9.03% |
| 商品導向面 | 國片平均製作成本註 (萬元) | | 3.204 | 4.070 | 3,962 | 3,054 | -22.92% |
| | 國片製作成本結構 | 開發／前製 | 2.00% | 4.00% | 2.51% | 2.64% | |
| | | 製作與拍攝 | 83.00% | 77.00% | 72.94% | 78.59% | |
| | | 後製 | 15.00% | 19.00% | 24.54% | 18.77% | |
| | 國際合作情形 | 國片製作模式 自製 | 76.47% | 83.89% | 81.48% | 69.70% | |
| | | 合製 | 23.53% | 16.11% | 18.52% | 30.3% | |
| | 國片市場 | 台北市觀影人次（千人） | 14,288 | 15,185 | 14,962 | 17,181 | 14.83% |
| | | 台北市國片觀影人次（千人） | 1,824 | 2,188 | 1,809 | 2,009 | 11.06% |
| | | 電影人均觀影次數 | 1.21 | 1.30 | 1.28 | 1.46 | 14.06% |
| | | 國片人均觀影次數 | 0.16 | 0.19 | 0.15 | 0.17 | 13.33% |
| | | 電影平均票價[2] | 253 | 248 | 248 | 245 | -1.21% |
| | 出口值（億元） | 電影製作 | 1.168 | 1.35 | 1.41 | 3.247 | 130.45% |
| | | 電影後製 | 0.035 | 0.04 | 0.1 | 0.252 | 165.26% |
| | | 電影發行 | 0.077 | 0.17 | 0.46 | 2.802 | 506.49% |
| | | 電影映演 | 0.000 | 0.00 | 0.62 | 0.000 | -100.00% |
| | | 合計 | 1.28 | 1.57 | 2.59 | 6.301 | 143.75% |
| | 電影片審議分級之數量（部） | 國片審議分級數 | 76 | 101 | 76 | 94 | 23.68% |
| | | 港、陸片在台進口審議分級數 | 42 | 50 | 31 | 43 | 38.71% |
| | | 其他外片在台進口審議分級數 | 391 | 473 | 551 | 542 | -1.63% |

| | | | | | | | |
|---|---|---|---|---|---|---|---|
| 影片票房（千元） | 台北市國產影片票房 | 430,434 | 529,863 | 427,833 | 467,938 | 9.37% |
| | 台北市港陸影片票房 | 152,531 | 131,789 | 91,164 | 90,670 | -0.54% |
| | 台北市其他外國影片票房 | 3,035,001 | 3,134,963 | 3,188,665 | 3,645,163 | 14.32% |
| 國際影展活動（部次） | 參與國際市場展國片部次 | 244 | 294 | 289 | 286 | -1.04% |
| | 輔導參與國際市場影展片商家次 | 122 | 138 | 122 | 153 | 25.41% |
| | 入圍入選國際影展國片部次 | 96 | 86 | 86 | 88 | 2.33% |
| | 榮獲國際影展國片部次 | 35 | 31 | 16 | 17 | 6.25% |
| | 輔導參與國際影展國片部次 | 60 | 53 | 56 | 49 | -12.50% |
| 產業人力 | 就業人數 電影製作業 | 478 | 488 | 408 | 401 | -1.72% |
| | 電影後製業 | 394 | 405 | 417 | 429 | 2.88% |
| | 電影發行業 | 374 | 370 | 385 | 427 | 10.91% |
| | 電影映演業 | 3,166 | 3,215 | 3,279 | 3,636 | 10.89% |
| | 合計 | 4,412 | 4,478 | 4,489 | 4,893 | 9,00% |

註：排除旗艦型、策略型及跨國合作之國片平均製作成本。

資料來源：文化部影視及流行音樂產業局、財政部統計資料庫、台灣經濟研究院整理

　　從表6-8來看，從2010來電影各次產業產值，到2011年《那些年，我們一起追的女孩》上映，一直到2015年的《我的少女時代》上映，總體來說，成長最大的在於電影發行與電影映演。在電影發行上，從2010年的37.82億元成長到2015年的68.141元，成長率達55.55%；另外，電影映演的產值成長也很驚人，從2010年的64.83億元，成長到2015年的128.091億元，成長50.29%，都可以做為國片復興，以及電影帶動文創產值的明證。

表6-8 2010年至2015年電影各次產業產值變化趨勢〔註15〕

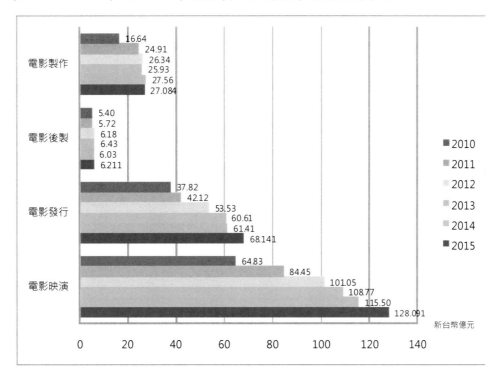

資料來源：台灣經濟研究院整理

　　媒體「中央社」報導中指出，《我的少女時代》有貫穿全片的劉德華，片中出現《金包銀》、《失戀陣線聯盟》、《追夢人》、U Can't Touch This 等歌曲。林真心唸情書時哼唱《認識你真好》，徐太宇模仿電影《天若有情》劉德華造型，拍到靈異照片投稿到《玫瑰之夜》鬼話連篇單元，以及日本女星內田有紀髮型。〔註16〕這些都是關於1990年代的記憶點，也是召喚觀眾前來戲院的動力之一。

　　重現90年代場景及事件，像是《那些年，我們一起追的女孩》有學生愛逛的書局、收藏球員卡，並重現1999年921大地震發生後手機斷訊等場景；《我的少女時代》也有逛書局，收藏明星護貝卡，還重現冰宮、MTV電影院、

〔註15〕文化部，〈2015影視廣播產業趨勢研究調查報告—電影產業〉（台北：文化部，2017年），頁8。

〔註16〕中央社，〈記憶中的年代 看電影憶青春〉，《全球中央》2015年11月號，網址：http://www.cna.com.tw/topic/newsworld/65-1/201510300003-2.aspx，擷取日期：2018年2月1日。

小歇泡沫紅茶店等場景。〔註 17〕這些在台灣的記憶逐漸被抹去的同時，能夠喚醒 30～40 歲的電影主力族群，讓這種集體記憶轉化成文化商品，成爲文化的一部份。

# 第四節　小結

　　暢銷網路作家九把刀執導的第一部電影《那些年，我們一起追的女孩》在台灣創下新台幣 4.1 億元票房，在香港則以 6129 萬港幣刷新華語片票房紀錄，台灣媒體稱之爲「民眾集體都在追青春」。《那些年，我們一起追的女孩》同樣是這一類的青春題材電影。影片中的戲劇矛盾仍然集中在成長的範圍內，讓觀眾隨著劇中人物一起去找尋自己年少時的影子，眞誠的情感使這部影片同樣獲得了觀眾的認同，收獲了票房的成功。之後導演陳玉珊推出的《我的少女時代》，從英語「Our Times」，就可以瞭解是營造共同記憶與族群認同主題，全球 24 億票房也是繼《那些年，我們一起追的女孩》之後，另一個成功的海外輸出國片。

　　由於主流與小眾影視文化表現形成的商業化產品，所獲得的大眾肯定形成了制度化的認證，未來文化知識內涵的商品，在文創產業會有更高的含金量，並且足以形成產業化的文化資本，進而帶動周邊文化工業與文化創意產業的發展。〔註 18〕

　　台灣電影的復興，需要整個台灣電影產業的振興，建立從技術、資金、人才到制片、發行、映演，到最後周邊產業的搭配與產銷，繼承台灣文化的優良傳統及創意優勢，建立完善的電影工業，才能讓台灣電影業復興及文化創意產業的整體發展，而這就有賴於整體文化工業與文化創意產業，持久不懈的推動與孕育高品質的文化環境，作爲孵育台灣影視大環境振興的搖籃。

　　阿多諾在《文化工業再思考》中解釋了使用文化工業的動機，他認爲文化工業把古老的東西與熟悉的東西熔鑄成一種新質，因此刻意爲大眾消費生產出來並在很大程度上決定了消費性質的產品，或多或少是按照計劃炮製出來的，並且用心地自上而下整合它的消費者，把數千年高雅藝術與低俗藝術

---

〔註 17〕中央社，〈記憶中的年代　看電影憶青春〉，《全球中央》2015 年 11 月號，網址：http://www.cna.com.tw/topic/newsworld/65-1/201510300003-2.aspx，擷取日期：2018 年 2 月 1 日。

〔註 18〕廖世璋，《文化創意產業》（高雄：巨流圖書公司出版，2011 年），頁 72。

聚合在一塊，結果雙方都深受其害。〔註 19〕或許可以解釋做爲大眾文化，集體式的強加塑造記憶，對於歷史眞實的傷害性。

《我的少女時代》成功地複刻了一系列 90 年代的港台流行文化符號，塑造了一種記憶中的美好時代。這裡的青春有賴於循環往復的引用流行文化元素和少女文化產品，並假定少女的人設應該是：追求個性自由更追求愛情的她一定要守著自己內心的小秘密，對身邊的每一個人付出眞誠的愛。〔註 20〕

當 1980、1990 出生者成爲電影消費的主力時，1990 年代的青春懷舊已然成爲兩岸三地票房的一大保障。透過舊場景、舊物品、舊歌曲成爲高票房的保證，懷舊故事的集體記憶也在現代再被喚醒。

對 1990 年代的記憶懷舊，成爲一種歷史符號的表象化，將消費者的青春濃縮成爲上個世紀的文創商品符號，封裝進入電影傳播當中，青春時期擁有／想像中的愛情，更是消費者最想留住的「小幸運」。

《我的少女時代》是否是 1990 年代社會大多數人的生活，還是中產階級或是特定族群的記憶，其中頗有疑問，但是透過電影符碼的傳播，卻成爲現代人共用擁有的青春集體記憶。這種重塑的集體記憶，成爲千篇一律的文創商品，忽視了社會階級差異的面向，讓消費者透過不斷的記憶消費，重構出共同的記憶。

記憶的建構可以包含經驗、文字、影像、論述及文物等，不斷的作選擇性地的重整和修改。而媒體科技的急速發達、城市發展的急劇步伐、政府政策等等因素，就加速了重整集體記憶的速度或改變其方向，甚至抹掉某些集體記憶或催生了新的集體記憶。〔註 21〕

集體記憶能夠體現群體深層價值取向、情感表達以及心態變化等，由此形成的群體意識作爲一個有機的整體對於群體的凝聚和延續具有非常重要的作用。當集體記憶與文化工業的結合，就像是《我的少女時代》一般，就能夠塑造出一個時代的記憶，而這種記憶則會透過傳播符號的廣度影響，不斷

---

〔註 19〕洪嫆絢，《文化工業下的台灣電影音樂之發展現況與政治經濟分析（1960~2005）》（台南：台南藝術大學音像藝術管理研究所，2005 年），頁 11～13。

〔註 20〕牛濕濕，〈誰的少女時代？販賣懷舊與集體回憶的重塑〉，《獨立媒體》2015 年 12 月 8 日。網址：http://www.inmediahk.net/node/1039367。擷取日期：2018 年 1 月 20 日。

〔註 21〕余攸英，〈集體記憶和香港〉，《文化研究@嶺南》第 4 期（香港：嶺南大學文化研究系出版，2007 年），頁 1。

地侵蝕消逝的歷史眞實，在記憶／眞實與文化工業之中的轉化，需要更精確
的去定義歷史。

# 第七章　結　論

## 第一節　研究結論

　　電影不斷地推陳出新，歷史也不斷地的演進，用電影做爲歷史／社會／傳播學科的論文也會持續下去，伊格斯說：「每件歷史作品都是件人造物，但這件人造物是來自於史家與過去的對話。」〔註1〕藉由不斷地的與時代脈絡的對話，找出文本在歷史中的意義，讓歷史能夠呈現出更多面向。

　　後現代主義（Post-modernism）歷史學要求重新解構歷史，希冀在新的跨學科研究取向下，重新建構以往被忽略的歷史。法國年鑑學派歷史學者布勞岱爾（Fernand Braudel）運用「長時段」的視角，批判了傳統史學上的「事件」觀，並且與它對立起來。但是，事實上，這種長時間角度的深層結構史學觀，至今並未打破傳統的事件觀，因此應當就新史學的角度，將布勞岱爾的「結構－長時段」觀，看成是一種「新」的「事件」觀點。

　　學者丁學良認爲：「社會是一個信息過程（Information Process），包括 3 個層面（Dimensions）交互作用的、政治和社會意識形成或消解的過程。」〔註2〕透過信息的持續變化，也能夠得到更多的想法。

　　歷史的相關研究領域，對於傳播的效應多以短期爲評估，且多由政府政

---

〔註1〕 Georg G. Iggers，Historiography in the Twentieth Century：Form scientific Objectivity to the Postmodern Change，P.145。

〔註2〕 丁學良，〈民族主義成爲「意識形態後」時代的意識形態：爲什麼？—以中國大陸爲分析案例〉，謝政諭、洪泉湖主編，《百年來兩岸民族主義的發展與反省》（臺北：東大圖書，2002 年 2 月），頁 52。

策出發，較少論述及傳播本身形態。根據新聞史學者古爾維奇（Michael Gurevitch）的研究指出：「在戰後的媒介研究，左派及右派的研究學者都認為，大眾媒體能夠運作出強而有力的勸服影響。他們之所以達成共識，主要是因為「人類生活形態漸趨都市化，喪失其原有鄉村生活穩固的傳統價值，他們脫離既有的社會體系網絡後，只得無助地投向大眾傳播媒體。」〔註3〕因此將電影視為大眾文化投射作用的一環，成為歷史學者研究的文本。

從影視史學來看，如同學者卡尼斯（Mark C. Carnes）認為：「電影獨特的敘述能力刺激了大眾想要跟過去對話的企圖。」〔註4〕學者張廣智在著作《影視史學》提及，「敘事是影視史學與書寫史學的共同特徵。」〔註5〕「影視史學」可以視為一種新型態史料的出現，供歷史研究者擁有更多的資料做分析，不僅僅是虛構的產物。

從台灣電影的發展脈絡來看，台灣電影史的開端是來自於日本在台殖民史的操作，日治時期、國民政府統治兩時期，官方政府透過電影為載體，達到政策宣傳與集權統治的效果；但當電影逐漸走進市民社會後，隨著觀眾對於電影的娛樂效果需求增加，電影的角色逐漸開始變化，開始呈現出台灣本土人民特有悲情與娛樂的色彩，電影逐漸擺脫過往兩大殖民時期政治宣傳的功能，但是卻仍承載著集體記憶的商業目標。

從文創產業來看，過去台灣的紀錄片、舞台劇、動漫、電競等文創產業的收入都十分有限。根據聯合國教科文組織，國際作家和作曲家聯合會（CISAC）和安永會計師事務所（EY）所做的調查，2016 年全球文化創意產業的產值高達 2.25 兆美元，美國就占了 43%，歐洲占 34%，日本占 10%，而近年來快速成長的韓國約占 5%。台灣目前占比不到 1%。〔註6〕可以想見台灣對於文創發展，有著極佳的未來性，也可以知道目前發展的並不夠好。

以鄰近的韓國為例，根據南韓半官方組織「文化產業振興院」（KOCCA）統計，今年南韓文創產業產值高達 110.4 兆韓元（新台幣 3.30 兆元），甚至與

〔註3〕 Michael Gurevitch 著、陳光興等譯，《文化，社會與媒體》（台北：遠流出版公司，1992 年 5 月），頁 23。

〔註4〕 周明亮，〈影視史學：給歷史劇一個視角〉，網址：http://www.zhongguoxijuchang. com/FSX/ShowArticle.asp?ArticleID=2001，擷取日期 2017 年 12 月 1 日。

〔註5〕 張廣智，《影視史學》，頁 94。

〔註6〕 林建甫，〈看見齊柏林，看見台灣文創實力〉，《中國時報》2017 年 6 月 27 日，網址：http://opinion.chinatimes.com/20170627005828-262104。擷取日期：2018 年 3 月 1 日。

南韓半導體業產值相當，相較下，台灣文創產值連 1 兆台幣都不到，其中最大的差異，就在於韓國強力推行影視產業，帶動文創產業相關的整體發展。

　　在台灣，文化部認定的文創產業就有「15+1」項，包含工藝、產品設計、建築等在韓國不屬文創領域，產業範圍其實比韓國更廣，但產值卻大大不如。根據台灣文化部「2016 文化創意產業發展年報」，2015 年台灣文創產值僅 8339 億元，不到南韓三分之一，而韓國傲視全球影視音產業，加總即達 8826 億台幣，相當台灣全部文創產業產值；而南韓文創外銷年產值新台幣 2032 億元，亦贏過台灣達 890 億元。

　　從表 7-1 來看，南韓「文化產業振興院」認定的文創產業包括出版、電視、廣告、遊戲、電影、音樂、漫畫及動畫片等 10 大類。其中產值最高為出版業，達 19.9 兆韓元（5954 億台幣），其次為電視 17.8 兆韓元（5325.7 億台幣），第三為廣告業 15.2 兆韓元（4647.8 億台幣），之後為遊戲 12.1 兆韓元（新台幣 3620 億元）、電影 5.9 兆韓元（新台幣 1765.2 億元）、音樂 5.8 兆韓元（新台幣 1735.3 億元）、漫畫 1 兆韓元（新台幣 299.2 億元），及動畫片 7000 億韓元（新台幣 209.4 億元）。〔註 7〕

表 7-1　台韓文創產值比較表

| 項目 | 台灣 | 南韓 |
|---|---|---|
| 出版 | 1,032 億元 | 5,954 億元 |
| 電影 | 307.8 億元 | 1,765.2 億元 |
| 電視 | 1,561 億元 | 5,325.7 億元 |
| 廣告 | 1,493 億元 | 4,647.8 億元 |
| 流行音樂 | 292 億元 | 1,735.3 億元 |
| 總計 | 8,339 億元 | 33,000 億元 |
| 註：台灣數據以文化部公布之最新 2015 年統計結果為準，韓國數據引自南韓最新 2017「文化產業振興院」統計結果。 | | |

資料來源：中時電子報，2017 年 12 月 24 日。

　　從表 7-2 分析，2015 年台灣文創產值最高前三名依序為廣電產業 1561 億元、廣告業 1493 億元和工藝產業 1212 億元。相較韓國產值最高的出版業，

〔註 7〕許文貞，〈產值 3 兆 VS. 8 千億！強勁韓流 KO 台灣文創〉，《中國時報》2017 年 12 月 24 日，網址：http://www.chinatimes.com/newspapers/20171224000440-260115，擷取日期 2017 年 12 月 24 日。

台灣出版產業產值則僅 1032 億元，且自 2013 年來逐年下滑。〔註8〕南韓人口
目前約 5125 萬人，約台灣人口兩倍多，但南韓文創內需產值高達 103 兆韓元
（新台幣 3.08 兆元），台灣僅 7449 億元。

表7-2　台韓文創產值比較柱狀圖

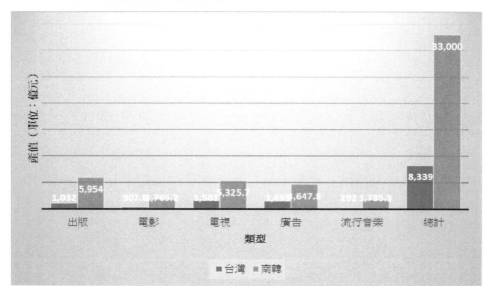

　　2015 年台灣文創產值最高前三名依序爲廣電產業 1561 億元、廣告業 1493
億元和工藝產業 1212 億元。相較韓國產值最高的出版業，台灣出版產業產值則
僅 1032 億元，且自 2013 年來逐年下滑。〔註9〕南韓人口目前約 5125 萬人，約
台灣人口兩倍多，但南韓文創內需產值高達 103 兆韓元（新台幣 3.08 兆元），台
灣僅 7449 億元。由此可見，在影視文創產業上，台灣確實還有很多努力的空間。
　　學者馬克・費侯（Marc Ferro）在《電影與歷史》書中裡，肯定電影扮演
的歷史家角色。費侯認爲自從電影成了傳遞思想的一種媒介時，電影工作者
便企圖以影片打入歷史的洪流。雖然政權們喜愛利用影像來達成宣傳和歌頌
的目標，但是電影也是具有自主權力可作爲反動力量，亦可承載著某些使命
與理念而奮鬥。他指出高達的作品展現出非主流價值觀的獨立精神，並且認

---

〔註8〕 許文貞，〈產值 3 兆 VS. 8 千億！強勁韓流 KO 台灣文創〉，《中國時報》2017 年
12 月 24 日，網址：http://www.chinatimes.com/newspapers/20171224000440-260115，
擷取日期 2017 年 12 月 24 日。

〔註9〕 許文貞，〈產值 3 兆 VS. 8 千億！強勁韓流 KO 台灣文創〉，《中國時報》2017 年
12 月 24 日，網址：http://www.chinatimes.com/newspapers/20171224000440-260115，
擷取日期 2017 年 12 月 24 日。

為以歷史的觀點來解析電影，或以電影的角度來詮釋歷史，這是想探究電影與歷史互動關係的人必須把握的最後方針。以電影的觀點來解讀歷史可以促使史學家挑戰昔日自己對歷史所下的評論，這些身兼導演和史學家的創作者，可以藉著民間記憶以及口述傳統為社會撰寫一部被官方所封殺的歷史，而影片的價值也在於它提供了一種社會與歷史角度的詮釋方式。〔註10〕

台灣影視文創產業作為華語電影三大分支之一，如何尋求與中國、香港電影的積極合作，彌補台灣本土電影市場狹小、內需不足等劣勢，拓寬電影市場及融資渠道，整合區域優勢，是走出目前困境的必經出路。海峽兩岸三地目前合拍片已成趨勢，知名的《雲水謠》、《不能說的秘密》、《如夢》、《戀愛通告》等合拍片的成功為兩岸三地的電影合作提供寶貴經驗。2010 年 6 月，海峽兩岸經濟合作框架協議（ECFA）簽訂，同樣有助於提供良好的影視環境，若將大陸資金、市場優勢與港台優秀的電影創意、優秀人才、與文化傳統結合，最重要的是，強化文創產業歷史文化、集體記憶與族群認同，在台灣社會脈絡的重要性。

特別是在影視史學的領域，歷史劇成為亞洲大眾流行文化的異數，尤其隨著影視業之「韓流」與中國大陸之歷史與國學風潮而有愈加盛大的趨勢。2003 年《大長今》在韓國播出時，收視率一度超過 50%，平均收視率 47.8%，也就是說，在該劇播放時，每兩個在收看電視的人就有一人在看《大長今》。2004 年《大長今》在日本和台灣熱播，都創下韓劇在當地的收視紀錄；2005 年在香港播出，收視率超過 40%，觀眾人數多達 321 萬，差不多占全港人數之半。除《大長今》以亞洲尤其中華文化為基礎之儒家文化為發揮外，中國大陸的國學熱與歷史劇也創造文化產業之佳績，《紅樓夢》、《三國演義》等，也都從中國大陸延燒至香港、台灣與東南亞等國。〔註11〕導演李崗說：「電影是一個國家的夢想，一部好的電影，他的意義可以超越歷史，成為一個時代人們共同的記憶，就個人來說，電影是每一個人成長的一部份。」〔註12〕

〔註10〕馬克・費侯（Marc Ferro）著、張淑娃譯，《電影與歷史》（臺北：麥田出版，1998 年）。引自陳碧秀，《大眾記憶與歷史重述：解嚴後臺灣電影中的殖民經驗再現（1987～2011）》（新竹：國立清華大學臺灣文學研究所碩士學位論文，2015 年 1 月），頁 7。

〔註11〕夏學理等著，《文化創意產業概論》（台北：五南圖書出版，2009 年 10 月），頁 326。

〔註12〕李崗，〈電影是一個國家的夢想〉，收錄於徐中孟著，《文化大商機》（台北：農學股份有限公司，2007 年 2 月），頁 10。

　　像是日、韓由於內需有限，這兩國不約而同提出了「文化立國」的政策思維。1996 年日本文化廳提出了《21 世紀文化立國方案》、2001 年通過《文化藝術振興基本法》2003 年成立了「知識財富戰略本部」，並將「新文化產業」納入爲國家發展戰略重要項目，並制定了「觀光立國」戰略。而南韓雖然早期也有提出文化政策，但關鍵是 1997 年金大中總統啓動了一連串的文化政策，包括《國民政府新文化政策》、《文化產業發展五年計畫》、《文化產業振興基本法》等 10 幾部法規。〔註 13〕這些法規雖然台灣都有類似方案，但是成效及執行力，都遠不如日、韓。

　　從文化部對電影產業發展的資金挹注、政策規劃與市場輔助，從票房分析變化可以發現其成效，2007 年、2008 年，本土電影票房出現了令人驚喜的回升，近年來，青春片已成爲台灣影視界的主流，近年來，每年台灣本土電影票房排名靠前的基本上都是青春片，定位在年輕的觀眾群，在演員的選擇上多數是青春偶像，以年輕的心態作爲創作素材，青春片業已成爲台灣影視界的主流；出品的幾部廣受歡迎的作品《不能說的秘密》〔註 14〕、《海角七號》〔註 15〕、《囧男孩》〔註 16〕、《練習曲》〔註 17〕和《刺青》〔註 18〕等影片如星

---

〔註 13〕林建甫，〈看見齊柏林，看見台灣文創實力〉，《中國時報》2017 年 6 月 27 日，網址：http://opinion.chinatimes.com/20170627005828-262104。擷取日期：2018 年 3 月 1 日。

〔註 14〕《不能說的·秘密》是藝人周杰倫自行製作的首部電影，於 2007 年上映，由周杰倫編劇、導演及擔任主要演員，其他主演包括桂綸鎂和黃秋生，外景拍攝位於新北市淡水區的淡江中學，爲周杰倫的母校，拍攝成本約新台幣 6,500 萬。2015 年，獲南韓票選爲最想在電影院重溫電影第一名，在南韓重新上映。

〔註 15〕《海角七號》於 2008 年上映，爲導演魏德聖的首部劇情長片，由臺灣歌手范逸臣和日本模特兒兼演員的田中千繪合作，獲選爲 2008 年台北電影節的開幕片，同時爲《海角七號》的首映。當時台灣電影市場正處長期低迷，《海角七號》耗資 5000 萬元拍攝，透過 BBS 與部落格，以口碑拉抬出了高度的人氣，被視爲台灣電影的奇蹟，2008 年 12 月 12 日全國首輪戲院正式下片後統計總票房爲 5.3 億元。在台灣電影史票房記錄，僅次於冠軍《鐵達尼號》；若以華語片票房排名，《海角七號》則居第一名，在香港上映首週更穩坐香港票房冠軍，票房方面至 2008 年 12 月 23 日止，達到 761 萬港幣。《海角七號》在第 45 屆金馬獎提名 9 項入圍贏得最佳男配角馬如龍、最佳原創電影音樂、最佳原創電影歌曲〈國境之南〉、年度傑出台灣電影、觀眾票選年度最佳電影以及最佳傑出電影工作者魏德聖等 6 座獎項。

〔註 16〕《囧男孩》是 2008 年兒童成長台灣電影，由楊雅喆導演所執導，李冠毅與潘親御分別飾演「騙子一號」和「騙子二號」，電影在 2008 年香港國際電影節與台北電影節首映，於 2008 年上映。

星之火，台灣電影出現了回暖。

2008 年上映的《海角七號》，可以說是國片拉升序曲的代表作，由台灣歌手范逸臣和日本演員田中千繪主演，堪稱台灣電影奇跡，創造 5.3 億新台幣的票房紀錄，上映第二周票房比首周成長 121%、甚至在第三周升爲票房冠軍並連霸 8 周的驚人成績。在兩岸三地引起了轟動，創下台灣華語影史上最高票房紀錄，還獲得了第 10 屆台北電影獎劇情長片百萬首獎、劇情長片最佳攝影、劇情長片最佳音樂，以及第四屆亞洲海洋電影節首獎多項殊榮。《海角七號》浪漫的愛情故事加上歷史元素、鄉土情緒，滿足了大多數觀眾的欣賞口味。影片還採用了一系列具有台灣本土特色的元素——恆春、小米酒、方言……，使觀眾觀影時獲得一種親切感，更帶動了周邊在地相關文化工業的發展，以及刺激觀眾就電影題材周邊的文化創意商品，產生購買的慾望。

2010 年，《艋舺》〔註 19〕則是以更專業商業化，來探討台灣族群問題，《艋舺》影片中同樣包含了懷舊、青春、偶像等青春片成功的因素，在電影前期、後期的宣傳方面，大量運用網絡、電視等媒介，不斷進行輿論造勢，這也超過了之前所有台灣電影的宣傳力度。以《艋舺》領銜的台灣本土電影票房再度上升，復興的曙光逐漸顯現。

約翰‧洛克（John Locke）認爲記憶是個人身分在時間中的延伸。記憶具有喚回過去，達到時間連續的效果，反思過去經驗讓人產生一種「自我性」。〔註 20〕隨著電影走入商業市場，政治宣傳的功用逐漸喪失，對於集體記憶的塑造，也轉向票房的考量，這也是哈布瓦赫說的集體記憶的「功能性」，其中對於 1990 年代集體記憶的塑造，最爲成功的兩部商業電影《那些年，我們一起追的女孩》、《我的少女時代》，確實也是有其值得研究的重要特色。

---

〔註 17〕　《練習曲》由陳懷恩編劇、導演，劇情描述一位學生騎單車環台灣島一周的過程中所經歷的故事，並藉此紀錄臺灣的地方風俗、旅遊觀光、歷史故事與社會問題。2007 年上映後，片中對話「有些事現在不做，一輩子都不會做了」感動許多觀眾，同年暑假興起單車環島熱潮。於 2007 年創下台灣電影最多播放戲院、最長放映期等多項紀錄。

〔註 18〕　《刺青》由周美玲導演，三映電影製作，楊丞琳、梁洛施領銜主演，是一部以刺青爲象徵，探討愛情、親情、友情的女同性戀電影，獲得 2005 年行政院新聞局輔導金補助。

〔註 19〕　《艋舺》於 2010 年上映，探討個城市發展的過程、社會變化產生的各種衝擊和效應，也於日本上映，描述江湖兄弟義氣，內容充滿黑道、娼妓、髒話等元素。

〔註 20〕　利科（Paul Ricoeur），蔡甲福、李春秋譯，《過去之謎》（山東：山東大學出版，2009 年），頁 37。

　　《那些年，我們一起追的女孩》在台灣創下新台幣 4.1 億元票房，並在香港以 6129 萬港幣刷新華語片票房紀錄。台灣媒體稱之爲「民眾集體都在追青春」。《那些年，我們一起追的女孩》同樣是這一類的青春題材電影。影片中的戲劇矛盾仍然集中在成長的範圍內，讓觀眾隨著劇中人物一起去找尋自己年少時的影子，眞誠的情感使這部影片同樣獲得了觀眾的認同，收獲了票房的成功。

　　《那些年，我們一起追的女孩》的成功，在香港更是打破華語片的賣座紀錄。反映出港人在經歷百年殖民及回歸後，正尋找更「本土化」的情感認同，並且凝聚「集體回憶」。由於地利之便、文化相近、物價不高等因素，港人近年來台旅遊及拍攝婚紗愈漸頻繁，根據觀光局統計，二〇一〇年港澳來台旅遊近八十萬人次，五年內幾乎成長了一倍，名列港人最喜愛旅遊地第二名，高於中國；香港來台拍攝婚紗的新人，四年內從兩百對激增爲一萬對，也顯示出港人對台灣婚紗攝影的高度興趣。〔註21〕

　　《那些年》的竄紅巧妙地成爲台灣與香港的新連結。香港與台灣有許多相似之處，不僅過去都曾是殖民地，也是華人社會較早現代化的地區，並列爲亞洲四小龍，而且都面臨高密度、低出生率的人口形態，與中國經濟高速成長造成的邊緣化壓力，但過去台港除了民間的旅遊及文化活動外，相互的交流和了解並不夠深入。〔註22〕

　　《那些年我們一起追的女孩》正是借用流行文化的力量對個人的成長往事加以「包裝」，令它成爲引發觀眾集體回憶的媒介。〔註23〕「懷舊」能夠「建立自我身份」，這些都是個人層面的意涵，但是當這種對回憶的追尋結合了集體的意識、傾向和行爲，就會從個人記憶變成集體記憶，這種流行文化建構出的集體回憶，也有助於世代族群認同的融合。

　　《那些年，我們一起追的女孩》在海外熱映，香港等地的遊客也來台朝聖。時任交通部觀光局長謝渭君曾表示，受台灣燈會及本土電影在海外熱賣影響，今年第一季外國公司選擇台灣進行員工獎勵旅遊團數大增，較去年同期成長 26.36%。隨著國片《那些年，我們一起追的女孩》在海外熱映，以及

〔註21〕陳兆芬，〈那些年 台港的新連結〉，《今周刊》780 期，2011 年 12 月 1 日。
〔註22〕陳兆芬，〈那些年 台港的新連結〉，《今周刊》780 期，2011 年 12 月 1 日。
〔註23〕木兆言己，〈《那些年》懷舊熱潮再思〉，網址：https://momodesu.wordpress.com/cultural-studies/basic-issues-in-intercultural-studies-i/《那些年》懷舊熱潮再思，擷取日期：2018 年 2 月 1 日。

被 Discovery 頻道推薦爲全球最佳節慶活動之一的台灣燈會，亞洲各國知名企業紛紛選擇來台辦理獎勵旅遊，隨著《那》片男女主角的腳步，體驗台灣傳統小吃及特色文化活動，新北市水湳洞、金瓜石、九份的「水金九」及休閒農場、老街成爲近期獎勵旅遊團安排的重點行程。〔註 24〕足證電影對於觀光有很大的影響。

《那些年，我們一起追的女孩》用直接方式引導觀衆思考「青春」，劇中使用的懷舊「符號」，將「青春」、1990 年代的抽象回憶變成具體化。之後的《我的少女時代》，從英語「Our Times」，就可以瞭解是營造共同記憶與族群認同主題，在 2015 年上映，主要是以 1980、1990 年代爲背景的校園愛情、青春懷舊喜劇電影，劇情也是以女性觀點出發，作爲文本的主要視角。《我的少女時代》得獲文化部影視及流行音樂產業局 700 萬新台幣輔助，參加上海國際影展、韓國釜山國際影展，在 2016 年 5 月 12 日於韓國上映時，成爲繼《盛夏光年》、《不能說的·秘密》、《聽說》、《那些年我們一起追的女孩》、《逆光飛翔》後，第 6 部在韓國放映的台灣電影，全球 24 億票房也是繼《那些年，我們一起追的女孩》之後，另一個成功的海外輸出國片。

由於主流與小衆影視文化表現形成的商業化產品，所獲得的大衆肯定形成了制度化的認證，未來文化知識內涵的商品，在文創產業會有更高的含金量，並且足以形成產業化的文化資本，進而帶動周邊文化工業與文化創意產業的發展。〔註 25〕

學者林建甫認爲，其實就內容上來看，台灣一直都有被國際市場肯定的佳作。從《那些年，我們一起追的女孩》、《我的少女時代》到近期的《通靈少女》都是，而剛拍完的《紅衣小女孩 2》未演就已賣出 15 個地區版權。只要能讓台灣文創產業獲利的商業模式成形，「台流」也能在國際市場發光。〔註 26〕

台灣的文化創意正在電影產業中發酵，發揮人文、情感及生活的獨特優勢，大幅扭轉過去台片過於沉重的形象，並培養出新一代優秀的製片及演員；在台灣這片自由創作的土地上盡情發揮，並且進一步將成功的內容推向香港

〔註 24〕黃如萍，〈《那些年》帶動瘋台灣　來台獎勵旅遊　首季成長 26%〉，《中國時報》2012 年 4 月 8 日，焦點新聞 A3 版。
〔註 25〕廖世璋，《文化創意產業》（高雄：巨流圖書公司出版，2011 年），頁 72。
〔註 26〕林建甫，〈看見齊柏林，看見台灣文創實力〉，《中國時報》2017 年 6 月 27 日，網址：http://opinion.chinatimes.com/20170627005828-262104。擷取日期：2018 年 3 月 1 日。

及海外華人市場，未來台灣的文創產業商機必須要能夠掌握。〔註27〕

## 第二節　研究限制與未來展望

　　電影是透過後製的製作方式，呈現出影像，就算是紀錄片，也很是以導演或是編劇的主觀意識展現，真實性常受人質疑，但是電影做爲文本本身，其能夠代表的時代意義，仍是具有歷史價值。

　　對於歷史學來說，「求真」是一種極致的追求，追尋出歷史的真相，進而瞭解歷史對於時代的影響，是歷史研究的特質。然則從過去的史料書籍尋找真相，同樣會陷入真實性的狀況。從《春秋》、《左傳》、《史記》等記載，在作者主觀意識下，找出作者想表達的真締，是一種如同解謎般有趣味的史料檢視過程，電影的真實性未如史書般經過嚴謹建構，但影響的傳播效應或許更具。

　　在數位及網路時代，相信看過《那些年，我們一起追的女孩》、《我的少女時代》的閱聽眾，可能超過了《史記》、《漢書》，傳播效力更深遠，但是在歷史的時間長河中，《史記》、《漢書》的影響性，無疑地遠勝於單一的電影。

　　作電影與歷史的文本研究，最常遇到的就是真實性問題，這也是研究最大的限制，必須在虛構的電影中做出判斷，也因此本研究是將電影放在播映的時代意義及其影響做討論，而非研究電影片段中哪些是虛構、哪些是真實，陷入單一文本考證的侷限視野之中。

　　但是電影考證依然有其意義，也是本研究較少論述之處，因爲不在論述範疇，但仍期待能有學術研究者，持續這些研究。

　　在研究的未來發展上，透過本論文的介紹，希望能夠將歷史學研究的視野更開拓，結合社會學、傳播學等跨學科領域，持續探究這些票房電影的成功傳播效應主因，並且以影視史學的視角出發，除了電影文本本身的考證之外，也能夠更重視在時代意義、集體記憶、文創產業等角度，爲文化找到更好的定位。

　　歷史學是非常有趣的學科，希望未來以此研究爲基礎，持續蒐集更多文本比較，擁有足夠的數據足以分析之後，透過質性研究與量化分析的方式，找到更多元的研究取向，也期待本研究能夠做爲其他研究者的起始點，在這個領域中不斷前進。

---

〔註27〕陳兆芬，〈那些年 台港的新連結〉，《今周刊》780 期，2011 年 12 月 1 日。

# 參考文獻

## 一、中文專書

1. 三澤眞美惠：《殖民地下的銀幕，台灣總督府電影政策之研究（1985~1942）》，台北：前衛出版，2001。

2. 小林直樹：《法・道德・抵抗權》，東京：日本評論社，1988。

3. 小約翰（S. W. Littlejohn）著、程之行譯：《傳播理論》，臺北：遠流，2000 年。

4. 中央委員會秘書處：《中國國民黨第七屆中央委員會第二次全體會議黨務報告》，臺北：編者印，1953。

5. 文化部：《2010 影視產業趨勢研究調查報告》，台北：文化部，2013。

6. 文化部：《2015 影視廣播產業趨勢研究調查報告——電影產業》，台北：文化部出版，2017。

7. 王唯、黃仁著：《台灣電影百年史話（上）》，台北：視覺印象廣告事業有限公司出版，2004。

8. 王淑蕙：〈家國敘事與個人記憶——從〈那些年，我們一起追的女孩，我們一起追的女孩〉等幾部電影談起〉，《南台通識電子報》，台南：南台科技大學通識教育中心，2012。

9. 史明：《臺灣人民四百年史》，臺北：草根文化，1998 年 4 月。

10. 尼爾・波茲曼（Neil Postman）著，章艷、吳燕莛譯：《娛樂至死》，桂林：廣西師範大學，2009 年。

11. 布林優夫森（Erik Brynjolfsson）、麥克費（Andrew McAfee）著、齊若蘭譯：《第二次機器時代智慧科技如何改變人類的工作、經濟與未來？》，台北：天下文化，2014。

12. 田又安、禚洪濤主編：《2011 影視產業趨勢研究調查報告—電視及電影產業》，台北：新聞局出版，2013。

13. 田中彰著、何源湖譯：《明治維新》，台北：玉山社，2012。

14. 伊恩・布魯瑪（Ian Buruma）、阿維賽・馬格利特（Avishai Margalit），林錚顗譯：《西方主義：敵人眼中的西方》，台北：五南圖書，2010。

15. 朱雲漢：〈寡占經濟與威權體制〉，蕭新煌主編：《壟斷與剝削：威權主義的政治經濟分析》，臺北：臺灣研究基金會，1989 年。

16. 艾瑞克・霍布斯邦（Eric J. Hobsawm）著、鄭明萱譯：《極端的年代：1914～1991（下）》，台北：麥田，1996。

17. 克里斯・安德森（Chris Anderson）著、連育德譯：《自造者時代：啟動人人製造的第三次工業革命》，台北：天下文化，2013。

18. 利科（Paul Ricoeur），蔡甲福、李春秋譯：《過去之謎》，山東：山東大學出版，2009。

19. 吳乃德：《百年追求：臺灣民主運動的故事（卷二）自由的挫敗》，新北：衛城出版，2013。

20. 吳正桓：〈臺灣電影文化和兩種電影觀〉，李天鐸編：《當代華語電影論述》，台北：時報文化出版，1996。

21. 呂紹理：《展示臺灣：權力、空間與殖民統治的形象表述》，台北：麥田，2005。

22. 李天鐸、劉現成：《全球化風潮下台灣傳播集團發展策略與規模突破》，台北：台灣有線視訊寬頻網路發展協進會專案委託研究計畫，2002。

23. 李天鐸：《臺灣電影、社會與歷史》，台北：亞太圖書出版社，1997。

24. 杜維運：《史學方法論》，台北：三民，1999。

25. 杜劍鋒：〈東亞視野下的福爾摩沙—臺灣認同的源起與變化〉，台南：成功大學歷史學系博士論文，2011。

26. 沈錫倫：《民俗文話中的與言奇趣》，台北：臺灣商務，2001。

27. 貝頓（David Beetham）著、徐鴻賓、徐京輝、廖立傳譯：《馬克斯・韋伯與現代政治理論》臺北：久大、桂冠聯合出版，1990。

28. 岩崎昶著、鐘理譯：《日本電影史》，北京：中國電影出版社，1981。

29. 杭廷頓（Samuel P. Huntington）著、黃裕美譯：《文明衝突與世界秩序的重建》，臺北：聯經，1997。

30. 林・亨特（Lynn Hunt）著、江政寬譯：《新文化史》，台北：麥田出版，2002。

31. 林子儀：《言論自由與新聞自由》，臺北：月旦，1993。

32. 林佳龍：〈威權侍從政體下的臺灣反對運動──民進黨社會基礎的政治解釋〉，《臺灣社會研究季刊》，1998 年春季號，第 2 卷，第 1 期。

33. 阿多諾著：《美學理論》，陳學明著：《文化工業》，台北：揚智文化，1996。

34. 阿君・阿帕度（Arjun Appadurai）著、鄭義愷譯：《消失的現代性：全球化的文化向度》，台北群學出版，2009。

35. 施正鋒：《各國語言政策：多元文化與族群平等》，台北：前衛，2002 年。

36. 若林正丈、松永正義著，廖兆陽譯：《中日會診臺灣：轉型期的政治》，臺北：故鄉，1988。

37. 夏祖麗：《林海音傳》，臺北：天下，2000。

38. 夏學理等著：《文化創意產業概論》，台北：五南圖書出版，2009。

39. 宮澤俊義著，永明譯：《人權概論》，臺北：八十年代，1979。

40. 索緒爾（Ferdinand Saussure）著、高名凱譯：《普通語言學教程》，北京：商務印書館，2003。

41. 翁秀琪：《大眾傳播理論與實證》，台北，三民，2011。

42. 荊子馨著、鄭力軒譯：《成為「日本人」：殖民地台灣與認同政治》，台北：麥田，2006。

43. 密爾（John Stuart Mill）著、程崇華譯：《論自由》，臺北：唐山，1986 年。

44. 張玉珮：〈九〇年代初期臺灣電影的社會文化意涵〉，劉現成編：《中國電影：歷史、文化與再現海峽兩岸暨香港電影發展與文化變遷研討會論文集》，新北：臺北市中國電影史料研究會、中華民國視覺傳播藝術學會，1995。

45. 張廣智：《影視史學》，台北：揚智文化，1998。

46. 透納（Graeme Turner）著、林文淇譯：《電影的社會實踐》，台北：遠流出版，1997。.

47. 郭洪紀：《文化民族主義》，臺北：揚智，1997。

48. 野島剛：《銀幕上的新臺灣：新世界臺灣電影裡的臺灣》，台北市：聯經出版，2015。

49. 陳芳明：《後殖民台灣－文學史及其周邊》，台北：麥田出版社，2002。

50. 陳飛寶：〈新型閩南電影文化及其產業鍊的構想〉，黃仁編：《新臺灣電影：臺語電影文化的演變與創新》，台北：臺灣商務，2013。

51. 陳翠蓮：《百年追求：臺灣民主運動的故事（卷一）自治的夢想》，新北：衛城出版，2013。

52. 陳儒修著、羅頗誠譯：《台灣新電影的歷史文化經驗》，台北：萬象圖書，1994。

53. 陳學明著：《文化工業》，台北：揚智文化，1996。

54. 陶百川：《困勉強狷八十年》，臺北：東大圖書，1984 年。

55. 麥奎爾（Denis McQuail）著、潘邦順譯：《大眾傳播理論》，臺北：風雲論壇，2000。

56. 彭芸：《新聞媒介與政治》，臺北：黎明文化，1992。

57. 彭懷恩：《臺灣政治變遷四十年》，臺北：自立晚報社文化出版部，1987。

58. 費正清（John King Fairbank）著，薛絢譯：《費正清論中國：中國新史》，臺北：正中書局，1994。

59. 黃仁、王唯：《臺灣電影百年史話（上）》，台北：中華影評人協會，2004。

60. 黃仁：《國片電影史話：跨世紀華語電影創意的先行者》，台北：台灣商務，2010。

61. 黃仁：《悲情台語片》，台北：萬象圖書，1994。

62. 黃仁：《新臺灣電影：臺語電影文化的演變與創新》，台北：臺灣商務，2013。

63. 黃仁：《電影與政治宣傳》，台北：萬象圖書，1994。

64. 黃宣範：《語言、社會與族群意識——臺灣語言社會學的研究》，台北市：文鶴出版，1993。

65. 黃建業：《跨世紀臺灣電影實錄（1898～2000）》，臺北：行政院文建會、國家電影資料館出版，2005。

66. 黃昭堂著、黃英哲譯：《台灣總督府》，台北：前衛出版社，1994。

67. 黃嘉樹：《國民黨在臺灣：1944～1988》，臺北：大泰，1994。

68. 新聞處：《臺灣省政府施政報告》，1954年。

69. 葉榮鐘著、李南衡：《臺灣人物群像》，臺北：帕米爾書店，1985年。

70. 葉龍彥：《八十年代台灣電影史》，新竹：新竹市立影像博物館，2003。

71. 葉龍彥：《臺灣老戲院》，臺北：遠足文化，2004。

72. 廖世璋：《文化創意產業》，高雄：巨流圖書公司出版，2011。

73. 廖金鳳：《消逝的影像：臺語片的電影再現與文化認同》，台北：遠流出版，2001。

74. 劉立行：《國家電影制度：政治、經濟、文化、產業之理論與實務》，台北：正中書局，2010。

75. 蔡宏進：《臺灣農地改革對社會經濟影響的研究》，臺北：嘉新水泥公司文化基金會，1967年。

76. 盧非易：《台灣電影：政治、經濟、美學》，台北：遠流出版公司，2000。

77. 諾拉（Nora Pierre），韓尚譯：《文化記憶理論讀本》，北京：北京大學出版，2012。

78. 霍布斯邦（Eric Hobsbawm）：《論歷史》，台北：麥田出版，2002。

79. 薛化元、陳翠蓮、吳鯤魯、李福鐘、楊秀菁等著：《戰後臺灣人權史》，臺北：國家人權紀念館籌備處，2003。

80. 謝世宗,《電影與視覺文化:閱讀台灣經典電影》,台北:五南圖書,2015。

81. 謝政諭:《休閒活動的理論與實際──民生主義的臺灣經驗》,臺北:幼獅,1989。

82. 羅素(Bertrand Russell)著,靳建國譯:《權力論》,(Power),臺北:遠流,1992。

83. 顧準:《從理想主義到經驗主義》,臺北:書林出版,1994。

## 二、中文論文

1. 丁學良:〈民族主義成爲「意識形態後」時代的意識形態:爲什麼?──以中國大陸爲分析案例〉,謝政諭、洪泉湖主編:《百年來兩岸民族主義的發展與反省》,臺北:東大圖書,2002 年 2 月。

2. 井迎瑞:〈第一屆閩南文化影展及論壇序言〉,黃仁編:《新臺灣電影:臺語電影文化的演變與創新》,台北:臺灣商務,2013。

3. 王宜燕:〈閱聽人研究實踐轉向理論初探〉,《新聞學研究》,2012 年,113 期。

4. 王明珂:〈集體記憶與族群認同〉,《當代》,1993,91 期。

5. 王明珂:〈集體歷史記憶與族群認同〉,《當代》,1993,第 91 期。

6. 王明珂:〈誰的歷史:自傳、傳記與口述歷史的社會記憶本質〉,《思與言》,1996 第 34 卷,第 3 期。

7. 王明珂:〈歷史事實、歷史記憶與歷史心性〉,《歷史研究》,2001,第 5 期。

8. 王思琦、李長斌、潘宜萍:〈文化創意產業園區之「閒置空間再利用」、「群聚效應」與「周邊觀光影響──臺中文化創意產業園區個案研究〉,《觀光旅遊研究學刊》,2014,第 9 期第 1 卷。

9. 王振寰:〈臺灣的政治轉型與反對運動〉,《臺灣社會研究季刊》。

10. 王維菁:〈從四大報看台灣「文化創意產業」進程與台灣社政經之交互關係〉,台北:國立台灣師範大學大眾傳播研究所,2013。

11. 丘昌泰:〈族群、文化與認同:連鎖關係的再檢視〉,《國家與社會》2008,第五期。

12. 史艾米:〈創傷歷史與集體記憶──作爲交流型記憶和文化記憶的文學〉,《清華中文學報》,第 13 期,新竹:國立清華大學中文系,2015 年 6 月。

13. 石婉舜:〈殖民地版新派劇的創成──「臺灣正劇」的美學與政治〉,《戲劇學刊》,第 12 期,台北:國立臺北藝術大學戲劇學院,2010。

14. 石婉舜:〈搬演「臺灣」:日治時期臺灣的劇場、現代化與主體型構(1895～1945)〉,台北:國立臺北藝術大學戲劇學系博士論文,2010 年 1 月。

15. 成舍我：〈「人權保障」與「言論自由」〉，《自由中國》，1955，第 12 卷，第 6 期。

16. 曲忠恕：〈1970 年代中央電影公司抗戰愛國影片的歷史意義——一個民族主義觀點的分析〉，台北：國立臺灣師範大學歷史學系碩士論文，2014 年。

17. 何萬順：〈臺灣華語與本土母語衝突抑或相容？〉，《海翁台語文學教學季刊》，2009，第 3 期。

18. 余佚英：〈集體記憶和香港〉，《文化研究@嶺南》，2007，第 4 期。

19. 吳承圃：〈那些年，我們一起追尋的懷舊風潮〉，《藝術欣賞》，2014，第 10 卷，第 3 期。

20. 吳昭瑩：〈藝文影片《那些年，我們一起追的女孩》，傳播效應初探〉，台北：世新大學廣播電視電影學系碩士論文，2012。

21. 吳晉賢：〈電影票房價值因素之探討——以國產電影為例〉，新北：淡江大學會計學系碩士班，2012。

22. 李育如：《影視史學在國中歷史教學的實踐——以影片《稻草人》，為例》，臺中：國立中興大學歷史學系所碩士學位論文，2009。

23. 李玟玟：〈影響臺灣民眾自認語言流利程度的因素研究〉，新北：台北大學社會學系碩士論文，2011。

24. 李芷嫻：〈以電影《KANO》，為例探討台灣電影歷史再現之塑造與居民地方認同感之關係〉，臺南：國立成功大學創意產業設計研究所碩士學位論文，2015。

25. 李洋：〈由「閩南語熱」觀「新臺灣電影」—以《海角七號》，和《雞排英雄》，為例〉，黃仁主編：《新臺灣電影：臺語電影文化的演變與創新》，台北：臺灣商務，2013。

26. 李浩華：〈電影對歷史的再現及集體記憶的建構〉，《文化研究@嶺南》，2017，第 56 期。

27. 李筱峰：〈成舍我與臺灣民主運動——1949 年後中國來臺知識分子的一個個案〉，《台灣史 100 件大事（下）戰後篇》，台北：玉山社，1999。

28. 李道明、張昌彥計畫：《紀錄台灣：台灣紀錄片研究書目與文獻選集》，台北：文建會出版，2000。

29. 李道明：〈臺灣電影史第一章：1900～1915〉，李道明、張昌彥編：《臺灣紀錄片研究書目與文獻選集（上）》，台北：電影資料館，2000。

30. 李道新：〈閩南語電影的文化內涵與臺灣電影的文化多樣性〉，黃仁編：《新臺灣電影：臺語電影文化的演變與創新》，台北市：臺灣商務出版，2013。

31. 李靖雯：〈臺語電影的文化意涵：以辛奇導演為例〉，台南：臺南藝術大學動畫藝術與影像美學研究所碩士論文，2014。

32. 汪志忠、陳美甜：〈文化群聚之關鍵發展因素分析：台中創意文化園區的

個案分析〉,《公共事務評論》,2013,第 14 期第 1 卷。

33. 沈樹華:〈哈伯瑪斯的「公共領域」與「市民社會理論」〉,台北:台灣師範大學公民訓育研究所碩士論文,1998。

34. 周樑楷:〈書寫歷史與影視史學〉,《當代》,1993,第 88 期。

35. 周樑楷:〈影視史學:理論基礎及課程主旨的反思〉:《臺大歷史學報》,1999,第 23 期。

36. 周學麟:〈年輕中國之所在—管窺好萊塢陰影下的臺灣電影〉,孫紹誼、聶偉主編:《歷史光譜與文化地形—跨國語境中的好萊塢和華語電影》,桂林:廣西師範大學出版社,2012。

37. 易璇:〈人道關懷與溫情主義──21 世紀初台灣主流紀錄片研究〉,台南:成功大學台灣文學研究所碩士論文,2011。

38. 林于茜:〈民眾日常使用語言與政黨認同關聯之研究〉,新北:台北大學公共行政暨政策學系碩士論文,2012。

39. 林果顯:〈「中華文化復興運動推行委員會」之研究（1966～1975）〉,臺北:政治大學歷史研究所碩士論文,2001。

40. 林培如:〈電影《賽德克‧巴萊》,的歷史書寫與歷史意識〉,台北:臺北市立大學歷史與地理學系社會科教學碩士學位班碩士學位論文,2015。

41. 林榮泰:〈從電影海角七號探討文化創意產業〉,《藝術欣賞》,2009,第 5 卷,第 1 期。

42. 林錦昱:〈由歷史劇的熱潮看影視史學的發展可能〉,《北市大社教學報》,2013,第 12 期。

43. 社論:〈對政經半月刊事件的觀感〉:《自由中國》,1959,第 22 卷,第 2 期。

44. 邱子修:〈空間的在地主義、歷史的國家主義、還是社會的跨國主義?—《海角七號》,的文化評析〉,《電影欣賞學刊》,2010,第 1 卷,第 6 期。

45. 邱剛健口述:〈熱情‧純真‧無知及感謝〉,《人間思想季刊》,2014 年春季號。

46. 邱娟:〈集體記憶視角下的檔案管理〉,《中國檔案》,2013,第 2 期。

47. 哈拉爾德‧韋爾策編,季斌等譯:〈社會記憶〉,《社會記憶:歷史、回憶、傳承》,北京:北京大學出版社,2007。

48. 柯存、蔡進發、陳碧秀:〈自我意象一致性、情感性地方依附、旅遊滿意度與未來行為意圖關係之研究〉:《嘉大體育健康休閒期刊》,2012,第 14 期,第 1 卷。

49. 柯品文:〈從網路到影視的戰鬥與蛻變《再一次相遇:那些年,我們一起追的女孩電影創作書》,〉,《全國新書資訊月刊》。

50. 洪家翔：〈從電影行銷研究看兩岸電影產業的發展〉，（台北：世新大學企業管理研究所，2010。

51. 洪嫆絢：《文化工業下的台灣電影音樂之發展現況與政治經濟分析（1960~2005）》，台南：台南藝術大學音像藝術管理研究所，2005。

52. 胡正光：〈從柏格森到阿布瓦希：論集體記憶的本質〉，《政治與社會哲學評論》，2007，第 21 期。

53. 唐維敏：〈發現影視「中國」〉，劉現成編：《中國電影：歷史、文化與再現海峽兩岸暨香港電影發展與文化變遷研討會論文集》，新北：中國電影史料研究會、中華民國視覺傳播藝術學會，1995。

54. 夏春祥：〈文化象徵與集體記憶的競逐—從台北市凱達格蘭大道談起〉：《台灣社會研究季刊》，1998，第 31 卷，第 9 期。

55. 徐振國：〈我國威權政體的發展及經濟制度的演變：其互動關係初探〉，《政治學報》，1983，第 16 期。

56. 徐樂眉：《百年臺灣電影史》，新北：揚智文化出版，2015。

57. 翁秀琪：〈集體記憶與認同構塑—以美麗島事件為例〉，《新聞學研究》，2001，第 68 期。

58. 張世倫：〈臺灣「新電影」論述形構之歷史分析〉，台北：政治大學新聞研究所碩士論文，2001。

59. 張弘毅：〈電影《賽德克・巴萊》，的歷史書寫與歷史意識〉，台北：台北市立大學，歷史與地理學系社會科教學碩士學位班，2015。

60. 梁慈航：〈觀光客之懷舊情感、體驗價值與地方依附關係之研究〉，嘉義：國立嘉義大學碩士論文，2011。

61. 許如婷：〈全球霸權秩序的再現：美國／日本／台灣影像文化依附的論述〉，新北：輔仁大學大眾傳播研究所碩士論文，2000。

62. 郭正亮：〈國民黨政權在臺灣的轉化（1945～1988）〉，臺北：臺灣大學社會學研究所碩士論文，1988。

63. 陳玉珍：〈「教育影視史學」成立之可能性〉：《市北教育學刊》，2012，第 41 期。

64. 陳明通：〈威權政體下臺灣地方政治菁英的流動（1945～1986）：省參議員及省議員流動的分析〉臺北：臺灣大學三民主義研究所博士論文，1980。

65. 陳品君：〈獨白或對話：影像檔案操作策略下個人記憶與集體記憶的辯證〉：《南藝學報》，2017，第 14 期。

66. 陳彥妃：〈電影《賽德克・巴萊》，影像再現之文化分析〉，高雄：國立高雄師範大學台灣歷史文化及語言研究所碩士論文，2013。

67. 陳映真：〈我的寫作與臺灣社會嬗變〉：《INK 印刻文學生活誌》，2004，第 12 期。

68. 陳炯志：〈飆車：規範、快感與文化工業的三螺旋〉，台中：東海大學社會學系碩士論文，2005。

69. 陳盈如：〈影視史學課程對國一學生歷史思維能力與國家認同影響之研究─以二二八事件為例〉，台北：國立臺灣大學國家發展研究所，2011。

70. 陳雪雲：〈媒介與我：閱聽人研究回顧與展望〉，翁秀琪主編：《臺灣傳播學的想像（上冊）》，台北市：巨流，2004。

71. 陳犀禾、劉宇清：〈跨區（國）語境中的華語電影現象及其研究〉，《文藝研究》，2007，第 1 期。

72. 陳貴凰：〈辦桌節慶活動觀光客體驗價值、幸福感與行為意圖之研究〉，《人文社會科學研究》，2012，第 6 期，第 4 卷。

73. 陳碧秀：〈大眾記憶與歷史重述：解嚴後臺灣電影中的殖民經驗再現（1987～2011）〉，新竹：清華大學臺灣文學研究所碩士論文，2015。

74. 曾于珊：《電影與歷史：電影賽德克‧巴萊》，探究》，台北：國立台北教育大學藝術與造型設計學系碩士班碩士學位論文，2014。

75. 曾傑：《失敗者的迴返─臺灣後─新電影空間敘事與地方性》，高雄：高雄師範大學跨領域藝術研究所碩士論文，2015。

76. 賀照緹：〈小眾媒體‧運動文化‧權力──綠色小組的運動形式及生產條件分析〉（新北：輔仁大學大眾傳播研究所碩士論文，1993。

77. 黃文瑜：〈台灣電影行銷大陸市場初探──以《那些年，我們一起追的女孩》、《新天生一對》、《賽德克巴萊》為例〉台北：中國文化大學新聞暨傳播學院新聞學系碩士論文，2014。

78. 黃秀端：〈政治權力與集體記憶的競逐─從報紙之報導來看對二二八的詮釋〉《臺灣民主季刊》，2008，第 5 卷。

79. 黃延齡：〈歷史集體記憶的作用與濫用〉，《歷史月刊》，2008，第 247 期。

80. 黃瑀潔，〈文化認同對遊客之體驗價值與地方依附影響之研究──以六堆客家文化園區為例〉，台中：亞洲大學休閒與遊憩管理學系碩士在職專班碩士論文，2014。

81. 楊秀菁：〈臺灣戒嚴時期的新聞管制政策〉，臺北：政治大學歷史研究所碩士論文，2002 年。

82. 劉彥伶：〈製作「武則天」─影視史學與歷史教學的微型實驗〉，台北：國立臺灣師範大學歷史學系碩士學位論文，2017。

83. 蔡明達、許立群：〈以懷舊觀點應用於地方文化產業行銷之探索性研究─以臺灣地方老街為例〉，《運動與遊憩研究》，2009，第 3 期，第 3 卷。

84. 鄧樺：〈儀式中的民族集體記憶建構：以雲南文山富寧縣洞波西六村藍靛瑤「度戒」儀式為例〉，《民族教育研究》，2012，第 23 期。

85. 鄭雯婷：〈2011 年台灣國片之電影行銷研究──以【那些年，我們一起追

的女孩】爲例〉，新北：國立臺灣藝術大學廣播與電視學系應用媒體藝術
碩士班碩士學位論文。

86. 蕭政全：〈國民主義：臺灣地區威權體制的政經轉型〉，《中國的民主前途：
臺灣地區政治民主化的回顧與展望學術研討會論文集》，臺北：財團法人
民主文教基金會，1993。

87. 賴澤涵、劉阿榮：〈多元文化與族群關係：台灣的抉擇〉，劉阿榮主編《多
元文化與族群關係》，台北：揚智文化，2006。

88. 謝宜婷：《影視史學課程對歷史思維能力與態度影響之研究》，桃園：萬
能科技大學資訊管理研究所在職專班碩士學位論文，2016。

89. 韓旭爾：〈台灣新聞片語紀錄片產製之歷史分析（1945～2001）〉，台北：
政治大學廣播電視研究所碩士論文，2001。

90. 蘇安婷：〈國文創園區經營管理之研究：以珠寶特區與藍外套文創園區爲
例〉，彰化：國立台灣師範大學士論文，2013。

91. 蘇威銘：〈台灣當代院線記錄片的革新與困境──以楊力州的作品爲
例〉》，台中：中興大學台灣文學研究所碩士論文，2014。

92. 蘇致亨：〈重寫臺語電影史：黑白底片、彩色技術轉型和黨國文化治理〉
台北：臺灣大學社會學研究所碩士論文，2016。

## 三、新聞報導

1. 〈聯合啓事〉（1961 年 11 月 30 日），《臺灣新生報》，臺北，1961 年 11
月 30 日，第 5 版。

2. 〈行政法院判決〉，《總統府公報》，第 1393 號，臺北，1952 年 12 月 18
日，頁 12～13。

3. 〈春滿人間〉，《臺灣民聲日報》，台中：臺灣民聲日報社，1952 年 3 月
10 日。取自國立公共資訊圖書館資料庫，網址：http://das.nlpi.edu.tw/sp.asp
?xdurl=BrowseTopic/gipControler.asp&uid=topic_result_detail&cur_do_ind
ex=1&xml_id=0000930104&ctNode=213&dtdname=+%3A+%E8%88%8A
%E5%A0%B1%E7%B4%99，擷取日期：2018 年 1 月 31 日。

4. 〈罌粟花〉，』《臺灣民聲日報》，台中：臺灣民聲日報社，1955 年 6 月
20 日，取自國立公共資訊圖書館資料庫。網址：http://das.nlpi.edu.tw/sp.asp
?xdurl=BrowseTopic/gipControler.asp&uid=topic_result_detail&cur_do_ind
ex=1&xml_id=0001135658&ctNode=213&dtdname=+%3A+%E8%88%8A
%E5%A0%B1%E7%B4%99，擷取日期：2018 年 1 月 31 日。

5. 《文化創意產業發展法》，第 3 條。

6. 《自立晚報》，臺北，1958 年 5 月 1 日，1 版。

7. 中央社：〈記憶中的年代 看電影憶青春〉，《全球中央》，2015 年 11 月號。
網址：http://www.cna.com.tw/topic/newsworld/65-1/201510300003-2.aspx，

擷取日期：2018 年 2 月 1 日。

8. 文化部：〈文化創意產業內容及範圍〉，2016 年 10 月 11 日，網址：
http://www.moc.gov.tw/information_311_20450.html，擷取日期：2017 年
12 月 21 日。

9. 文化部：〈價值產值化——文創產業價值鏈建構與創新〉。網址：
http://www.ey.gov.tw/Upload/RelFile/27/698429/102000024963 修正計畫
1020424.pdf，擷取日期：2017 年 12 月 21 日。

10. 木兆言己：〈《那些年》，懷舊熱潮再思〉。網址：https://momodesu.wordpress.
com/cultural-studies/basic-issues-in-intercultural-studies-i/《那些年》，懷舊
熱潮再思，擷取日期：2018 年 2 月 1 日。

11. 木衛二：〈《那些年》，6 日上映 需到影院補習的集體記憶〉，《鳳凰網娛
樂》，2012 年 01 月 05 日，網址：http://ent.ifeng.com/movie/news/hk/detail_
2012_01/05/11763342_0.shtml，擷取日期：2018 年 2 月 1 日。

12. 牛濕濕：〈誰的少女時代？販賣懷舊與集體回憶的重塑〉，《獨立媒體》，
2015 年 12 月 8 日。網址：http://www.inmediahk.net/node/1039367。擷取
日期：2018 年 1 月 20 日。

13. 王雅蘭：〈收視飆贏海角 300 萬人搶看 那些年稱冠電影台〉，《聯合報》，
2012 年 3 月 27 日，影視消費 C 版。

14. 〈本報奉令停刊三個月啓事〉，《自立晚報》，1953 年 10 月 18 日，1 版。

15. 全國法規資料庫：《電影法》，條目，網址：http://law.moj.gov.tw/LawClass/
LawAll.aspx？PCode=P0040002，擷取日期：2018 年 2 月 1 日。

16. 江芷稜：〈打賭《那些年》，票房贏黎智英 九把刀討全版廣告〉，《中國時
報》，2011 年 8 月 20 日報導，D2 版。

17. 周明亮：〈影視史學：給歷史劇一個視角〉，網址：http://www.zhongguoxi
juchang.com/FSX/ShowArticle.asp?ArticleID=2001，擷取日期 2017 年 12
月 1 日。

18. 哲生博客：〈1940 日本政治宣傳紀錄片《南進台灣》，〉，網址：
http://jasonblog.tw/2014/01/1940-japan-southward-invasion-to-taiwan-docu
mentary.html，擷取日期：2018 年 1 月 31 日。

19. 財團法人國家電影中心數位典藏資料庫，影人目錄——白克，網址：
http://www.ctfa.org.tw/filmmaker/content.php？id=589，擷取日期：2018
年 3 月 1 日。

20. 馬岳琳：〈從「海角」重拾國片信心〉，《天下雜誌》，406 期，2011 年 4
月 13 日。網址：https://www.cw.com.tw/article/article.action？id=5002298，
擷取日期：2018 年 2 月 1 日。

21. 「成舍我先生紀念網站（網址：http://csw.shu.edu.tw/index.htm。）」，成

氏中文研究部分，網址：http://csw.shu.edu.tw/PUBLIC/view_01.php3?main
=ReSearch_ch&id=103，擷取日期：2018 年 1 月 1 日。

22. 張德厚：〈新聞局：去年 4 國片票房破億 20 年來最繁榮〉，《中央廣播電
台》，2012 年 5 月 3 日報導，取自 http://news.rti.org.tw/index_newsContent.
aspx?nid=353323&id=5&id2=1。

23. 陳平浩：〈戒嚴與冷戰，密室與南洋──臺語片六〇週年重探臺語片的政治
敘事〉，《放映週報》，2016 年 9 月 1 日，取自 http://www.funscreen.com.tw/
headline.asp?H_No=631，擷取日期：2018 年 1 月 31 日。

24. 華視綜合報導：〈票房王《少女時代》，全球狂撈 24 億 在台卻輸給...〉（台
北：華視新聞），2015 年 12 月 23 日，網址：http://news.cts.com.tw/cts/
entertain/201512/201512231697393.html#.WqVG7flua70。擷取日期 2018
年 2 月 1 日。

25. 項貽斐：〈除了青春與懷舊之外…〉，《聯合新聞網》，2015 年 8 月 22 日，
網址：https://udn.com/news/story/7482/1138332，擷取日期：2018 年 2 月
1 日。

26. 黃如萍：〈《那些年》，帶動瘋台灣 來台獎勵旅遊 首季成長 26%〉，《中國
時報》，2012 年 4 月 8 日，焦點新聞 A3 版。

27. 楊力州：〈懷舊電影的大賣，是年輕人對未來徬徨的社會警訊嗎？〉，《說
書》，2016 年 6 月 6 日，網址：https://sobooks.tw/懷舊電影的大賣，是年
輕人對未來徬徨的社會警訊，擷取日期：2018 年 2 月 1 日。

28. Ho，Samuel P.S.. Economic Development of Taiwan，1860～1970。New
Haven & London：Yale University Press，1978。

## 四、外文文獻

1. Alice H. Amsden，「Taiwan's Economic History: A Case of Etatisme and a
Challenge to Dependency Theory」，*Modern China*，Thousand Oaks：SAGE
Publications，1979。

2. Dieter Blumenwitz，*Die Grundlagen eines Friedensvertrages mir
Deutschland*，Berlin：Berlin，1966。

3. Edward Hallerr Carr，*What Is History ?*Cambridge：University of Cambridge
Press，1961。

4. Edward Lawson，*Encyclopedia of Human Right*，New York：Taylor & Francis
Inc.，1991。

5. Georg G. Iggers，*Historiography in the Twentieth Century：Form scientific
Objectivity to the Postmodern Change*，New Hampshire：University Press of
New England，1997。

6. Assmann，Jan，and John Czaplicka。「Collective memory and cultural identity．」 *New german critique*，Durham：Duke University Press，1995。

7. John Keane，*The Media and Democracy*，Cambridge：Polity Press，1991。

8. Lewis A. Coser，「Introduction: Maurice Halbwachs,」 *On Collective Memory*，Chicago：The University of Chicago Press，1992。

9. Maurice Halbwachs，*Les cadres sociaux de la memoire*，Paris：Presses Universitaires de France，1952。

10. Weber，Max. *Gesammelte politische schriften*. Norderstedt：BoD–Books on Demand，2012。

11. R. A. Rosenstone，「History in Images/History in Words: Reflections on the Possibility of Really Putting History onto Film．」 *The American Historical Review*，Bloomington：Oxford University Press for the American Historical Association，1988。

12. Chris Weedon and Glenn Jordan，「Collective memory: theory and politics」，*Social Semiotics*，London：Routledge，2012。

13. Hayden White，「Historiography and Historiophoty」 *The American Historical Review*，Bloomington：Oxford University Press for the American Historical Association，1988。

# 附錄：2000～2017 電影台北地區累積票房排行

| 排名 | 電影 | 上映日期 | 累積票房 | 製作預算 | 發行公司 | 片中年代 | 主要演員 | 電影類型 |
|---|---|---|---|---|---|---|---|---|
| 1 | 阿凡達 | 2009/12/17 | 433,459,675 | 2.37億美元 | 福斯 | 2154 | 山姆·沃辛頓<br>柔伊·沙達那<br>史帝芬·朗<br>蜜雪兒·羅德里奎茲 | 科幻史詩 |
| 2 | 變形金剛3 | 2011/6/28 | 330,466,653 | 1.95億美元 | 派拉蒙 | 未提及 | 西亞·李畢福<br>蘿西·杭亭頓·懷特莉<br>喬許·杜哈莫<br>泰瑞斯·吉布森 | 科幻 |
| 3 | 侏儸紀世界 | 2015/6/10 | 277,907,888 | 1.5億美元 | 環球 | 2015 | 克里斯·普瑞特<br>布萊絲·達拉斯·霍華<br>文森·唐諾佛利歐<br>尼克·羅賓森 | 科幻冒險 |
| 4 | 玩命關頭7 | 2015/4/2 | 257,193,084 | 1.9億美元 | 環球 | 未提及 | 馮·迪索<br>保羅·沃克<br>巨石強森<br>蜜雪兒·羅德里奎茲<br>泰瑞斯·吉布森 | 動作 |
| 5 | 變形金剛：復仇之戰 | 2009/6/23 | 245,373,480 | 2億美元 | 派拉蒙 | 未提及 | 西亞·李畢福<br>蘿西·杭亭頓·懷特莉<br>喬許·杜哈莫<br>泰瑞斯·吉布森 | 科幻 |
| 6 | 復仇者聯盟 | 2012/4/25 | 237,949,916 | 2.2億美元 | 博偉 | 故事起源1942 | 小勞勃·道尼<br>克里斯·漢斯沃<br>克里斯·伊凡<br>馬克·盧法洛 | 科幻動作 |
| 7 | 海角七號 | 2008/8/22 | 232,326,877 | 新台幣5,000萬元 | 博偉 | 2005年左右 | 范逸臣<br>田中千繪<br>應蔚民<br>民雄 | 劇情愛情 |

| | | | | | | | | |
|---|---|---|---|---|---|---|---|---|
| 8 | 鋼鐵人3 | 2013/4/24 | 230,980,554 | 2億美元 | 博偉 | 1999 | 小勞勃・道尼<br>葛妮絲・派特洛<br>唐・奇鐸<br>蓋・皮爾斯 | 科幻動作 |
| 9 | 少年Pi的奇幻漂流 | 2012/11/21 | 229,813,550 | 1.2億美元 | 福斯 | 1976 | 蘇瑞吉・沙瑪 | 劇情 |
| 10 | 變形金剛4：絕跡重生 | 2014/6/25 | 209,695,992 | 2.1億美元 | 派拉蒙 | 未提及前集4年後 | 馬克・華伯格<br>彼得・庫倫<br>妮寇拉・佩茲<br>傑克・雷諾 | 科幻 |
| 11 | 復仇者聯盟2：奧創紀元 | 2015/4/22 | 204,249,883 | 2.67億美元 | 華特迪士尼影業 | 未提及 | 小勞勃・道尼<br>克里斯・漢斯沃<br>克里斯・伊凡<br>馬克・盧法洛 | 科幻動作 |
| 12 | 魔戒三部曲：王者再臨 | 2003/12/18 | 200,046,545 | 9千4百萬美元 | 福斯 | 架空歷史 | 伊利亞・伍德<br>伊恩・麥克連<br>西恩・艾斯汀<br>安迪・瑟克斯<br>維果・莫天森 | 科幻冒險 |
| 13 | 賽德克・巴萊（上）：太陽旗 | 2011/9/9 | 198,600,035 | 賽德克巴萊（上）、（下）合計新台幣7～7.5億元 | 果子 | 1930 | 林慶臺<br>游大慶<br>馬志翔<br>安藤政信<br>河原佐武 | 劇情史詩 |
| 14 | 2012 | 2009/11/13 | 195,927,800 | 2億美元 | 博偉 | 2012 | 約翰・庫薩克<br>切瓦特・埃加福特<br>亞曼達・彼特<br>丹尼・葛洛佛 | 科幻災難 |
| 15 | 變形金剛 | 2007/6/28 | 187,520,076 | 1.5億美元 | 派拉蒙 | 未提及 | 西亞・李畢福<br>喬許・杜哈莫<br>泰瑞斯・吉布森 | 科幻 |
| 16 | 美國隊長3：英雄內戰 | 2016/4/27 | 183,668,450 | 2.5億美元 | 華特迪士尼影業 | 未提及 | 克里斯・伊凡<br>小勞勃・道尼<br>史嘉蕾・喬韓森<br>唐・奇鐸<br>安東尼・麥凱 | 科幻 |
| 17 | 玩命關頭8 | 2017/4/12 | 183,540,980 | 2.5億美元 | 環球 | 未提及 | 馮・迪索<br>傑森・史塔森<br>巨石強森<br>蜜雪兒・羅德里奎茲<br>泰瑞斯・吉布森 | 動作 |
| 18 | 那些年，我們一起追的女孩 | 2011/8/6 | 181,604,478 | 新台幣5,000萬元 | 福斯 | 1994 | 柯震東<br>陳妍希<br>莊濠全<br>郝劭文<br>蔡昌憲<br>彎彎 | 愛情 |

| 19 | 明天過後 | 2004/5/28 | 181,388,280 | 1.25 億美元 | 福斯 | 20 世紀末期 | 丹尼斯・奎德<br>傑克・葛倫霍<br>塞拉・沃德<br>伊恩・荷姆 | 科幻災難 |
|---|---|---|---|---|---|---|---|---|
| 20 | 不可能的任務 II | 2004/5/24 | 173,282,865 | 1.25 億美元 | 派拉蒙 | 未提及 | 湯姆・克魯斯<br>多格雷・斯科特<br>譚蒂・紐頓<br>文・雷姆斯 | 動作諜報 |
| 21 | 哈利波特：火盃的考驗 | 2005/11/18 | 168,801,020 | 1.5 億美元 | 華納 | 1994～1995 | 丹尼爾・雷德克里夫<br>魯伯特・葛林<br>艾瑪・瓦特森 | 科幻劇情冒險 |
| 22 | 黑暗騎士：黎明昇起 | 2012/7/19 | 168,386,003 | 2.5～3 億美元 | 華納 | 未提及 | 克里斯汀・貝爾<br>米高・肯恩<br>蓋瑞・歐德曼<br>安・海瑟薇<br>湯姆・哈迪 | 科幻 |
| 23 | 神鬼傳奇 II | | 167,838,885 | 8 千萬美元 | 環球 | 1933 | 布蘭登・費雪<br>瑞秋・懷茲<br>約翰・漢納<br>阿諾・凡斯洛<br>巨石強森 | 科幻冒險驚悚 |
| 24 | 全面啓動 | 2010/7/16 | 167,005,081 | 1.6 億美元 | 華納 | 未提及 | 李奧納多・狄卡皮歐<br>渡邊謙<br>喬瑟夫・高登—拉維特<br>瑪莉詠・柯蒂亞<br>艾倫・佩姬 | 科幻動作驚悚 |
| 25 | 玩命關頭 6 | 2013/5/22 | 165,015,063 | 1.6 億美元 | 環球 | 未提及 | 馮・迪索<br>保羅・沃克<br>巨石強森<br>蜜雪兒・羅德里奎茲<br>泰瑞斯・吉布森 | 動作 |
| 26 | 魔戒二部曲：雙城奇謀 | 2003/1/9 | 163,877,610 | 9 千 4 百萬美元 | 新線電影公司 | 未提及 | 伊利亞・伍德<br>伊恩・麥克連<br>西恩・艾斯汀<br>維果・莫天森<br>安迪・瑟克斯 | 科幻冒險 |
| 27 | 哈利波特：消失的密室 | 2002/11/15 | 162,361,640 | 1 億美元 | 華納 | 1943/6/13<br>1992/2～1993/5 | 丹尼爾・雷德克里夫<br>魯伯特・葛林<br>艾瑪・瓦特森 | 科幻劇情冒險 |
| 28 | 哈利波特：神秘的魔法石 | 2001/11/4 | 159,983,475 | 1.25 億美元 | 華納 | 1981/11<br>1991/6～1992/6 | 丹尼爾・雷德克里夫<br>魯伯特・葛林<br>艾瑪・瓦特森 | 科幻劇情冒險 |
| 29 | 我的少女時代 | 2015/8/7 | 158,731,830 | 新台幣 8500 萬元 | 華聯國際 | 1990 年代中期<br>2015 | 宋芸樺<br>李玉璽<br>王大陸<br>簡廷芮 | 愛情 |

| 30 | 露西 | 2014/8/20 | 151,311,032 | 4千3百萬美元 | 環球 | 21世紀 | 史嘉蕾·喬韓森<br>摩根·費里曼<br>阿瑪·威克<br>崔岷植 | 科幻動作 |
|----|------|-----------|-------------|------------|------|--------|------------------------------|----------|
| 31 | 神鬼奇航：世界的盡頭 | 2007/5/23 | 151,117,388 | 3億美元 | 博偉 | 17世紀 | 強尼·戴普<br>奧蘭多·布魯姆<br>綺拉·奈特莉<br>傑佛瑞·羅許 | 冒險史詩 |
| 32 | 玩命關頭5 | 2011/5/5 | 151,062,065 | 1.25億美元 | 環球 | 未提及 | 馮·迪索<br>保羅·沃克 | 動作 |
| 33 | 神鬼奇航2：加勒比海盜 | 2006/7/6 | 149,523,654 | 2.25億美元 | 博偉 | 17世紀 | 強尼·戴普<br>傑佛瑞·羅許<br>奧蘭多·布魯姆<br>綺拉·奈特莉<br>傑克·達文波特 | 冒險史詩 |
| 34 | 不可能的任務：失控國度 | 2015/7/29 | 149,491,345 | 1.5億美元 | 派拉蒙 | 未提及 | 湯姆·克魯斯<br>傑瑞米·雷納<br>賽門·佩吉<br>文·雷姆斯 | 動作諜報 |
| 35 | 功夫 | 2004/12/24 | 149,155,470 | 2千萬美元 | 博偉 | 1940年代 | 周星馳<br>元華<br>元秋<br>陳國坤<br>林子聰 | 動作喜劇 |
| 36 | 惡棍英雄：死侍 | 2016/2/9 | 142,622,425 | 5千8百萬美元 | 福斯 | 未提及 | 萊恩·雷諾斯<br>莫蓮娜·芭卡琳<br>T·J·米勒<br>艾德·斯克林 | 動作 |
| 37 | 達文西密碼 | 2006/5/18 | 140,539,538 | 1.25億美元 | 博偉 | 20世紀末期 | 湯姆·漢克斯<br>奧黛莉·朵杜<br>伊恩·麥克連<br>保羅·貝特尼 | 劇情 |
| 38 | 哈利波特：鳳凰會的密令 | 2007/7/11 | 139,779,080 | 1.5億美元 | 華納 | 1995～1996 | 丹尼爾·雷德克里夫<br>魯伯特·葛林<br>艾瑪·瓦特森 | 科幻劇情冒險 |
| 39 | 色戒 | | 137,050,890 | 1千5百萬美元 | 博偉 | 1939～1942年間 | 梁朝偉<br>湯唯<br>陳沖<br>王力宏 | 劇情愛情諜報 |
| 40 | 哈利波特：死神的聖物2 | 2011/7/14 | 136,942,382 | 2.5億美元 | 華納 | 1997/7～1998/6 2017/9 | 丹尼爾·雷德克里夫<br>魯伯特·葛林<br>艾瑪·瓦特森 | 科幻劇情冒險 |
| 41 | 賽德克·巴萊（下）：彩虹橋 | 2011/9/30 | 135,792,420 | 賽德克巴萊（上）（下）合計新台幣7～7.5億元 | 果子 | 1930 | 林慶臺<br>游大慶<br>馬志翔<br>安藤政信<br>河原佐武 | 劇情史詩 |

| 42 | 哈利波特：阿茲卡班的逃犯 | 2004/6/4 | 134,387,485 | 1.3億美元 | 華納 | 1993/7～1994/6 | 丹尼爾・雷德克里夫<br>魯伯特・葛林<br>艾瑪・瓦特森 | 科幻劇情冒險 |
|---|---|---|---|---|---|---|---|---|
| 43 | 屍速列車 | 2016/9/2 | 133,035,683 | 9百萬美元 | 安樂影片 | 21世紀 | 孔劉<br>鄭有美<br>馬東錫<br>金秀安 | 劇情驚悚 |
| 44 | 蜘蛛人2 | 2004/6/30 | 132,943,400 | 2億美元 | 博偉 | 未提及 | 陶比・麥奎爾<br>克莉絲汀・鄧斯特<br>詹姆斯・法蘭科 | 科幻動作 |
| 45 | 星際效應 | 2014/11/7 | 132,799,700 | 1.65億美元 | 華納 | 21世紀 | 馬修・麥康納<br>安・海瑟薇<br>傑西卡・查斯坦 | 科幻劇情 |
| 46 | 魔戒首部曲：魔戒現身 | 2001/1/18 | 131,984,520 | 9千3百萬美元 | 新線電影公司 | 架空歷史 | 伊利亞・伍德<br>伊恩・麥克連<br>維果・莫天森<br>西恩・艾斯汀 | 科幻冒險 |
| 47 | 史密斯任務 | 2005/6/8 | 131,916,485 | 1.1億美元 | 福斯 | 21世紀 | 布萊德・彼特<br>安潔莉娜・裘莉 | 愛情諜報動作 |
| 48 | 金牌特務 | 2015/2/13 | 131,160,538 | 8千1百萬美元 | 福斯 | 2014 | 柯林・佛斯<br>山繆・傑克森<br>馬克・史壯 | 動作 |
| 49 | 鋼鐵人2 | 2010/4/29 | 130,085,082 | 2億美元 | 派拉蒙 | 未提及 | 小勞勃・道尼<br>葛妮絲・派特羅<br>唐・奇鐸<br>米基・洛克<br>強・法夫洛 | 科幻動作 |
| 50 | 蟻人 | 2015/7/16 | 127,735,969 | 1.3億美元 | 華特迪士尼影業 | 1989 | 保羅・路德<br>寇瑞・史索爾<br>伊凡潔琳・莉莉<br>麥可・潘納<br>鮑比・坎納瓦爾 | 科幻動作 |
| 51 | 蜘蛛人3 | 2007/5/1 | 127,631,681 | 2.58億美元 | 博偉 | 未提及 | 陶比・麥奎爾<br>克爾斯滕・鄧斯特<br>詹姆斯・法蘭科 | 科幻動作 |
| 52 | 金牌特務：機密對決 | 2017/9/21 | 126,179,935 | 1.04億美元 | 福斯 | 2015 | 柯林・佛斯<br>茱莉安・摩爾<br>泰隆・艾格頓<br>馬克・史壯 | 動作 |
| 53 | 神力女超人 | 2017/5/30 | 125,256,645 | 1.49億美元 | 華納 | 1918 | 蓋兒・加朵<br>克里斯・潘恩<br>羅蘋・萊特<br>丹尼・休斯頓 | 科幻動作 |

| 54 | 環太平洋 | 2013/7/11 | 124,122,838 | 1.9億美元 | 華納 | 2013 | 查理‧杭南<br>伊卓瑞斯‧艾巴<br>菊地凜子<br>查理‧戴 | 科幻動作 |
|---|---|---|---|---|---|---|---|---|
| 55 | 鋼鐵擂台 | 2011/10/7 | 122,677,336 | 1.1億美元 | 博偉 | 2020 | 休‧傑克曼<br>達科塔‧高尤<br>伊凡潔琳‧莉莉 | 科幻動作 |
| 56 | 大尾鱸鰻 | 2013/1/31 | 122,455,190 | 新台幣8千萬元 | 華納 | 1990年代 | 豬哥亮<br>楊祐寧<br>郭采潔 | 喜劇 |
| 57 | 雷神索爾2：黑暗世界 | 2013/10/31 | 120,182,004 | 1.7億美元 | 華特迪士尼影業 | 未提及 | 克里斯‧漢斯沃<br>娜塔莉‧波曼<br>湯姆‧希德勒斯頓<br>安東尼‧霍普金斯 | 科幻動作 |
| 58 | 不可能的任務3 | 2006/5/3 | 119,004,017 | 1.5億美元 | UIP | 未提及 | 湯姆‧克魯斯<br>菲臘‧西摩‧荷夫曼<br>蜜雪兒‧摩納漢 | 科幻動作 |
| 59 | 怪獸與牠們的產地 | 2016/11/17 | 118,613,078 | 1.8億美元 | 華納 | 1926 | 艾迪‧瑞德曼<br>凱薩琳‧華特斯頓<br>丹‧富勒<br>艾莉森‧蘇朵 | 科幻劇情 |
| 60 | KANO | 2014/2/27 | 118,070,040 | 新台幣3億元 | 威視 | 1929～1931 | 永瀨正敏<br>坂井真紀<br>曹祐寧<br>謝竣晟 | 劇情 |
| 61 | 艋舺 | 2010/2/5 | 117,007,196 | 新台幣6千萬元 | 華納 | 1980年代 | 阮經天<br>趙又廷<br>馬如龍<br>鳳小岳<br>柯佳嬿 | 劇情 |
| 62 | 不可能的任務：鬼影行動 | 2011/12/14 | 116,279,436 | 1.4億美元 | 派拉蒙 | 未提及 | 湯姆‧克魯斯<br>傑瑞米‧雷納<br>賽門‧佩吉 | 科幻動作 |
| 63 | 美國隊長2：酷寒戰士 | 2014/3/27 | 116,234,859 | 1.7億美元 | 華特迪士尼影業 | 未提及 | 克里斯‧伊凡<br>史嘉蕾‧喬韓森<br>賽巴斯汀‧斯坦<br>安東尼‧麥基<br>蔻碧‧史莫德 | 科幻動作 |
| 64 | 奇異博士 | 2016/10/25 | 116,143,931 | 1.65億美元 | 華特迪士尼影業 | 未提及 | 班奈狄克‧康柏拜區<br>奇維托‧艾吉佛<br>瑞秋‧麥亞當斯<br>黃凱旋<br>麥可‧斯圖巴 | 科幻 |
| 65 | 金剛 | 2005/6/8 | 115,904,870 | 2億7百萬美元 | 環球 | 1933 | 娜歐蜜‧華茲<br>傑克‧布萊克<br>安德林‧布洛迪<br>安迪‧瑟克斯 | 冒險 |

| 66 | 蜘蛛人 | 2002/5/1 | 115,162,244 | 1.4 億美元 | 哥倫比亞 | 未提及 | 托比・馬圭爾 威廉・達佛 克絲汀・鄧斯特 詹姆士・弗朗科 | 科幻動作 |
|----|--------|----------|-------------|-----------|---------|--------|----------|----------|
| 67 | 動物方城市 | 2016/2/26 | 114,067,119 | | | | | |
| 68 | 小小兵 | 2015/7/9 | 113,904,751 | | | | | |
| 69 | 神鬼奇航：幽靈海 | 2011/5/18 | 113,079,169 | 1.5～2.5 億美元 | 華特迪士尼影業 | 17 世紀 | 強尼・戴普 潘妮洛普・克魯茲 伊恩・麥克夏恩 | 冒險史詩 |
| 70 | 神鬼傳奇 3 | 2008/8/7 | 113,047,998 | 1.45 億美元 | 環球 | 1946 | 布蘭登・費雪 李連杰 瑪麗亞・貝蘿 約翰・漢納 楊紫瓊 黃秋生 | 冒險動作 |

註一：電影票房來源：電影觀測站（2016～2017）、財團法人國家電影中心（2000～2015）

註二：台灣電影產業，除台北市外，其他地區從未有公開的票房統計資料，導致 2016 年以前台灣並未擁有全國性票房統計數據，電影票房收入通常以台北市的 1 至 2 倍之間計算；為提供準確數據，特以持續擁有票房統計之紀錄的大台北地區為研究對象。

註三：財團法人國家電影中心自民國 67 年創立之初，開始統計大台北地區電影票房，並於每年 12 月底出版前一年之電影年鑑。2017 年起，台灣全國電影票房統計資料終於正式啟動，國家電影中心開始於每月公告上映 30 天以上的電影票房資訊，第一份全國電影票房統計時間為 105 年 11 月。